ストライカーを科学する

—サッカーは南米に学べ！

松原良香

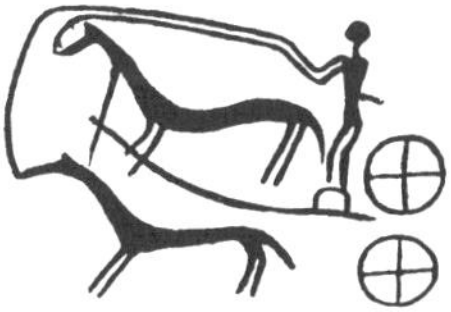

岩波ジュニア新書 904

はじめに

2022年のFIFA(国際サッカー連盟)ワールドカップへ向けた日本代表の戦いが、19年9月からスタートしました。アジアに与えられた出場枠は「4.5」(開催国のカタールは除く)で、1998年から6大会連続で世界の舞台に立っている日本代表は、今回も本大会出場の有力な候補と見なされています。

しかし、アジア全体のレベルは確実に上がっています。森保一《もりやすはじめ》監督が率《ひき》いる日本代表には、厳しい戦いが待ち受けているでしょう。そして、チームが望む結果を得られないことがあれば、必ずと言っていいほどこの表現が使われるはずです。

決定力不足——。

日本サッカー界にとって、永遠のテーマと言ってもいいものでしょう。

19年6月に、日本代表はコパ・アメリカに招待参加しました。

南米王者を決める世界最古の国際大会で、森保監督が率いるチームは予想を上回る健闘《けんとう》を見せてくれました。大会を連覇《れんぱ》しているチリ代表には0対4で敗れたものの、最多15回の優勝を誇るウルグアイ代表と2対2で引き分け、エクアドル代表との第3戦も1対1のドローで終えました。

コパ・アメリカを戦った日本代表は、2020年の東京五輪に出場できる23歳以下(U－23)の選手を中心としていました。国際経験の少ない選手が圧倒的多数を占めていたなかで、勝ち点2を獲得したのです。選手たちは良く戦ったと言えるでしょう。

角度を変えて評価をしてみると、日本サッカーの課題が浮《う》き彫《ぼ》りになった大会でもありました。

そう、決定力に欠けていたのです。

そのために、1勝も挙げることができませんでした。

無得点に終わったチリ代表戦も、チャンスがなかったわけではありません。勝てばグループリーグを突破できたエクアドル代表戦では、後半に何度も相手ゴールへ迫りました。エクアドル代表戦であと1点、もう1点だけでも入っていれば、若い選手の多い日本代表は準々決勝で開催国のブラジル代表と対戦することができたのです。

日本代表がブラジル代表と彼らのホームで、それも真剣勝負ができる機会は、コパ・アメリカしかありません。そう考えると、選手たちの奮闘《ふんとう》を評価しつつも、残念な思いが募《つの》ります。

決定力不足というフレーズは、私自身個人的に長く向き合ってきたものでもあります。

日本国内でサッカー王国とも呼ばれる静岡県で育った私は、高校生年代から年齢別の日本代表として国際舞台で戦ってきました。ポジションはFW(フォワード)です。

1996年にはアトランタ五輪アジア最終予選に出場し、28年ぶりの五輪出場権を獲得するチームの一員となりました。同年夏の本大会では、グループリーグ初戦でU－23ブラジル代表を1対0で破る瞬間をピッチで迎えました。〝世紀のアップセット(番狂わせ)〟とか〝マイアミの奇跡〟と呼ばれた一戦です。

アトランタ五輪ではU－23ハンガリー代表にも3対2で勝利し、U－23ブラジル代表、U－23ナイジェリア代表と同じ2勝1敗で並びました。しかし、得失点差で劣《おと》った私たちは、グループ3位で準々決勝進出を逃しました。

Ｕ－23ナイジェリア代表は金メダルを、Ｕ－23ブラジル代表は銅メダルを獲得しています。西野朗《にしのあきら》監督に率いられた私たちＵ－23日本代表は、３試合であと２点取っていれば、表彰台に登った２チームのどちらかを上回ることができたのでした。

Ｊリーグでの私は、94年にジュビロ磐田でプロとしてのキャリアをスタートさせます。その後は清水エスパルス、ジェフユナイテッド市原（現在のジェフユナイテッド市原・千葉）、湘南ベルマーレ、アビスパ福岡でプレーしました。その間にはウルグアイ、クロアチア、スイスのクラブにも在籍しました。点を取ることが仕事のＦＷとして、チームの「決定力」を高めるために格闘する日々を過ごしました。

プロサッカー選手として10年以上のキャリアを重ねながら、２００５年には東海１部リーグの静岡ＦＣで選手兼監督を務めました。19年現在Ｊ３リーグに属する藤枝ＭＹＦＣは、静岡ＦＣを母体としています。

現役引退後は小中学生の指導をしながら、ＪＦＡ（日本サッカー協会）公認の指導者ライセンスの取得を進めていきます。10年に国内最高位ライセンス「Ｓ級コーチ」を取得しました。これにより、国内のすべてのカテゴリーで監督ができる立場となりました。15年にはＪ３リーグのSC相模原で、シーズン終盤の3試合だけ監督を任されました。

こうした活動と並行して、私はかつてサッカー留学したウルグアイを中心に人脈を築いていきました。ウルグアイのサッカーをもっと知りたい、南米のサッカーにもっと触れたいという真《ま》っ直《す》ぐな好奇心を出発点として、南米はもちろんヨーロッパにも何度も足を運びました。

とにかく積極的に出会いを求めました。ウルグアイでの選手生活で培《つちか》ったスペイン語、ポルトガル語、イタリア語、英語を介して、ウルグアイ、アルゼンチン、ブラジルといった国々の選手や関係者と、直接連絡を取り合えるような関係を作ることができました。

S級ライセンスを取得する過程では、サッカーの基本的な論理を学びました。現役時代は感覚的に理解していた技術や戦術などを、論理的に整理することができました。

サッカーをグラウンドだけでなく机の上でも学び、海を越えた出会いを重ね、テレビの解説や評論などでたくさんの試合を観ているうちに、さらに高いレベルで多角的にサッカーを突《つ》き詰《つ》めてみたい、という探究心が芽生《めば》えていきました。そこで、16年4月より筑波大学大学院人間総合科学研究科に入学し、スポーツ健康システム・マネジメントを専攻しました。

高橋義雄《たかはしよしお》准教授の指導のもとで『サッカーのストライカー育成における日本と南米の比較研究』という論文を作成し、18年3月に修士《しゅうし》課程を修了しました。点を取ることを深く掘り下げるこのテーマは、ＦＷとしてプレーした現役時代の経験を生かすこともできます。

論文の作成にあたっては、世界的に活躍している指導者と選手にインタビューをしました。先のコパ・アメリカにも出場していたウルグアイ代表の得点源エディンソン・カバーニ、アルゼンチンにルーツを持つ元フランス代表ダヴィド・トレゼゲ、さらにウルグアイ代表監督のオスカル・タバレス、ウルグアイ代表アシスタントコーチのマリオ・レボーショらに、ウルグアイ代表の活動期間中に1対1で話を聞きました。日本代表としてワールドカップに出場し、ドイツ・ブンデスリーガで2ケタ得点を記録した高原直泰《たかはらなおひろ》にも話を聞きました。彼らの詳《くわ》しいプロフィールについては、彼ら以外にインタビューをした関係者も含めて、第1章以降で随時《ずいじ》紹介していきます。

西野朗・前日本代表監督にもインタビューをしています。私の取材時にはＪＦＡ技術委員長として活動をしていましたが、ストライカーに対する考えかたに立場の違いは関係ありません。とても興味深い話を聞くことができました。

日本ではＦＷ＝ストライカーとされています。これがウルグアイやアルゼンチンなどのスペイン語圏の国になると、ＦＷに相当するスペイン語として「Delantero(デランテーロ)」がありますが、とくに優《すぐ》れたＦＷは「Goleador(ゴレアドール)」と呼ばれます。リーグ戦や国際大会で得点王を獲《と》ったことのあるＦＷがゴレアドール、すなわちストライカーと呼ばれるのです。

私の考えるストライカーは、「チームの役割を果たしたうえで、得点を奪《うば》って勝利へ導く選手」です。監督の求めること、チームの一員として果たすべき仕事をしながら、自分の力でゴールを奪ってみせる。そういう選手こそがストライカーと呼ばれるべきだと、私は考えます。

22年のカタール・ワールドカップの予選には、世界の211の国と地域が参加しています。そのほとんどすべての国は、試合に負けたら「あのチャンスを決めていれば」というため息に包まれるのでしょう。「決定力不足」は、日本代表だけの課題ではありません。

日本代表だけの課題ではない、他の国々も苦しんでいる、だから何もしなくていい、ということにはなりません。

ワールドカップや五輪に出場するのが悲願《ひがん》と言われていた当時から、たくさんの先輩方が日本サッカーの課題として「決定力不足」をあげ、その解消に取り組んできました。先輩方に比べれば経験も実績も乏《とぼ》しい私が、誰もが納得できるような答えを見つけられるとも思えません。

ただ、現時点での私なりの考えをまとめることにも、意味はあるのだと思います。これからプロサッカー選手を目ざす小中高校生とその家族の皆さんに、小中高校生を指導している皆さんに、本書が少しでも参考になれば幸いです。

（「はじめに」を含め、本文中は敬称略）

目次

第3章　2018年ロシア・ワールドカップで見えた世界の潮流

第6章　日本人ストライカー育成への提言……147

編集協力・戸塚啓
扉イラスト・小林宙(COLORS)

第1章

世界における日本人選手の現在地

目標はワールドカップ優勝

ＪＦＡは２００５年１月に発表した「ＪＦＡの約束２０５０」のなかで、「２０５０年までにＦＩＦＡワールドカップを日本で開催し、日本代表チームはその大会で優勝チームになる」との目標を掲げています。その過程において、「日本代表チームはＦＩＦＡワールドカップに出場し続け、２０３０年までにベスト4に入る」としています。この目標を達成する通過点としては、「２０１８年にＦＩＦＡランキングでトップ20」、「２０２２年にＦＩＦＡランキングでトップ10」というノルマを課しました。

しかし、２０１８年の最終的なＦＩＦＡランキングは50位でした。ワールドカップのアジア予選を戦う国々ではイラン代表の29位、オーストラリア代表の41位に次《つ》いで3位となりますが、目標の20位には遠く及びません。

19年4月時点の日本代表のＦＩＦＡランキングは、26位までアップしています。

ランキングは国際試合の結果をポイント化して加算していくものです。日本を含めたアジアの国々は19年1月から2月にかけてアジアカップ――アジアのナンバー1チームを決める大陸選手権――を戦いました。日本代表はこの大会で準優勝しましたから、ランキングに反映されるポイントを多く獲得できたのです。

それに対してヨーロッパ、南米、アフリカ、北中米カリブ海地区は、同じ時期に国際試合を戦っていません。アジアの国々だけが公式戦を戦っていましたから、日本代表のランキングが上昇するのは当然だったのです。各国が国際試合を消化した19年7月25日発表のランキングは、七つ下がって33位でした。

上位チームの得点力

1930年に第1回大会が行われたワールドカップに、日本代表は98年の第16回大会で初出場を果たします。93年にプロサッカーリーグのJリーグが誕生し、国内リーグの競争力が高まったことが日本代表のレベルを押し上げました。ワールドカップが98年大会から32か国参加となり、アジアの出場枠が増えたことも、日本代表が世界の舞台で戦うことを後押ししました。

日本代表は98年から２０１８年まで、６大会連続で出場しています。最高成績は02年、10年、18年のベスト16です。

18年大会では決勝トーナメント１回戦でベルギー代表と対戦し、後半途中まで２対０とリードします。ところが、そこから２点を奪われて同点とされ、後半アディショナルタイムに３点目を喫《きっ》してベスト８入りを逃《のが》したのでした。

ベスト４入りを目標とする２０３０年は、いまから11年後です。まだずいぶんと時間はあるようにも感じられますが、ワールドカップは４年に一度の開催です。22年、26年の２大会を終えたあとには30年大会がやってきます。ベスト４入りを目ざす大会は、実はもう３大会後に迫っているのです。

世界のベスト４へ食い込むために、日本代表には何が必要でしょうか。

必要なことは、ひとつではありません。チームとしても、個人としても、たくさんのことを身に付けていく、レベルアップしていく、ということが求められます。

そのなかで優先順位の高い課題は、ゴールを奪える選手の育成でしょう。

サッカーは得点を奪い合う競技です。どれほど守備の固いチームでも、点を取れなければ勝てません。

14年のワールドカップで優勝したドイツ代表には、得点ランキング2位のトーマス・ミュラーがいました。準優勝したアルゼンチン代表からは、リオネル・メッシが得点ランキング3位タイに名を連《つら》ねています。メッシと同じく4得点を記録したロビン・ファン・ペルシのオランダ代表は3位に食い込み、同じくネイマールが4ゴールをあげたブラジル代表は4位になりました(サッカー王国を自負《じふ》するブラジルとしては、自国開催のワールドカップで優勝を逃したのは悔《くや》しいかぎりだったのでしょうが)。

グループリーグで日本代表を退《しりぞ》け、初のベスト8入りを果たしたコロンビア代表は、大会得点王を輩出《はいしゅつ》しました。攻撃的なMF(ミッドフィールダー)のハメス・ロドリゲスが、6得点をあげました。

18年のワールドカップはどうでしょうか。

優勝したフランス代表には、得点ランキング2位タイの選手がふたりいます。大会4ゴールのキリアン・エムバペとアントワーヌ・グリーズマンです。

表 1　過去 2 大会のワールドカップ得点ランキング

2018 年ロシア大会

順位	選手	チーム	得点	試合数	1 試合あたり平均得点	チーム成績
1	H. ケイン	イングランド	6	6	1.00	4 位
2	A. グリーズマン	フランス	4	7	0.57	優勝
2	R. ルカク	ベルギー	4	6	0.67	3 位
2	D. チェリシェフ	ロシア	4	5	0.80	ベスト8
2	C. ロナウド	ポルトガル	4	4	1.00	ベスト16
2	K. エムバペ	フランス	4	7	0.57	優勝
14	乾貴士	日本	2	4	0.50	ベスト16

2014 年ブラジル大会

順位	選手	チーム	得点	試合数	1 試合あたり平均得点	チーム成績
1	J. ロドリゲス	コロンビア	6	5	1.20	ベスト8
2	T. ミュラー	ドイツ	5	7	0.71	優勝
3	ネイマール	ブラジル	4	5	0.80	4 位
3	L. メッシ	アルゼンチン	4	7	0.57	準優勝
3	R. V. ペルシ	オランダ	4	6	0.67	3 位
33	本田圭佑	日本	1	3	0.33	グループリーグ敗退
33	岡崎慎司	日本	1	3	0.33	グループリーグ敗退

準優勝のクロアチア代表には、大会3ゴールの選手がふたりいます。イヴァン・ペリシッチとマリオ・マンジュキッチです。

3位入賞のベルギー代表では、4得点のロメル・ルカクがゴールゲッターの仕事を果たしました。そのベルギー代表に3位決定戦で敗れたイングランド代表では、ハリー・ケインが6ゴールを記録して大会得点王の座を射《い》止《と》めました。

過去2大会のデータが示すように、ワールドカップでベスト4入りするチームには、得点ランキング上位の選手が必ずいるのです。

日本代表がベスト16入りした02年、10年、18年大会を振り返ると、02年大会は稲本《いなもと》潤一《じゅんいち》が2得点をあげました。10年大会では本田《ほんだ》圭佑《けいすけ》が、18年大会でも乾《いぬい》貴士《たかし》が2ゴールを記録しています。

ベスト16入りするだけなら、2得点で足りるのかもしれません。しかし、ベスト8やベスト4まで勝ち残るには、ひとりで4点以上あげるストライカーや、ふたりで合計5点以上あげるFWのコンビがいなければならないのでしょう。

活躍する南米出身の選手たち

私が注目したのは、南米出身の選手たちです。

世界のサッカーの最先端を行くヨーロッパに、〈5大リーグ〉と呼ばれるリーグがあります。プレミアリーグ（イングランド）、リーガ・エスパニョーラ（スペイン）、ブンデスリーガ（ドイツ）、セリエA《アー》（イタリア）、リーグ・アン（フランス）です。世界各国からトップクラスの選手が集まり、攻撃でも守備でもハイレベルなプレーが繰り広げられています。

過去5シーズンの5大リーグの得点王と、得点ランキングの上位5人に入った選手を調べてみると、南米出身の選手が全体の3分の1近くを占めているのです。

18－19シーズンであれば、イングランドのプレミアリーグでセルヒオ・アグエロ（アルゼンチン代表）が得点ランキング4位になりました。彼はアトレティコ・マドリード（スペイン）でヨーロッパでのキャリアをスタートさせ、現在はマンチェスター・シティに所属していますが、実に12シーズン連続で2ケタ得点を記録しています。

スペインのリーガ・エスパニョーラでは、リオネル・メッシ（アルゼンチン代表）が3シー

表 2　2018-19 年の 5 大リーグ得点ランキング

プレミアリーグ

	選手	得点	所属クラブ	国籍
1	M. サラー	22	リバプール	エジプト
1	P. E. オーバメヤン	22	アーセナル	ガボン
1	S. マネ	22	リバプール	セネガル
4	S. アグエロ	21	マンチェスター C	アルゼンチン
5	J. ヴァーディー	18	レスター	イングランド

リーガ・エスパニョーラ

1	L. メッシ	36	バルセロナ	アルゼンチン
2	K. ベンゼマ	21	R. マドリード	フランス
2	L. スアレス	21	バルセロナ	ウルグアイ
4	I. アスパス	20	セルタ	スペイン
5	C. ストゥアーニ	19	ジローナ	ウルグアイ

リーグ・アン

1	K. エムバペ	33	PSG	フランス
2	N. ペペ	22	リール	コートジボアール
3	E. カバーニ	18	PSG	ウルグアイ
4	F. トヴァン	16	マルセイユ	フランス
5	ネイマール	15	PSG	ブラジル
5	M. デンベレ	15	リヨン	フランス
5	R. ファルカオ	15	モナコ	コロンビア

ブンデスリーガ

1	R. レヴァンドフスキ	22	バイエルン M	ポーランド
2	P. アルカセル	18	ボルシアドルトムント	スペイン
3	M. ロイス	17	ボルシアドルトムント	ドイツ
3	W. ベグホルスト	17	VfL ヴォルフスブルク	オランダ
3	L. ヨヴィッチ	17	フランクフルト	セルビア
3	K. ハフェルツ	17	レバークーゼン	ドイツ
3	A. クラマリッチ	17	ホッフェンハイム	クロアチア

セリエ A

1	F. クアリャレッラ	26	サンプドリア	イタリア
2	D. サパタ	23	アタランタ	コロンビア
3	K. ピョンテク	22	ジェノア／AC ミラン	ポーランド
4	C. ロナウド	21	ユベントス	ポルトガル
5	A. ミリク	17	ナポリ	ポーランド

ズン連続となる得点王に輝きました。19年6月に開催されたコパ・アメリカに日本代表として出場した久保《くぼ》建英《たけふさ》（7月にレアル・マドリードへ移籍）と同じく、メッシはバルセロナの下部組織で育ちました。ここまで13シーズン連続で2ケタ得点をマークしており、そのうち8シーズンが30得点以上（！）です。彼の得点能力はケタ外れです。

リーガ・エスパニョーラの得点ランキング2位には、ウルグアイ代表のルイス・スアレスが名を連ねました。5位もウルグアイ代表のクリスティアン・ストゥアーニです。

フランスのリーグ・アンの得点ランキングも、南米出身の選手が上位を占めています。ウルグアイ代表のエディンソン・カバーニが3位で、ブラジル代表のネイマールとコロンビア代表のラダメル・ファルカオが5位タイです。カバーニは16―17シーズンと17―18シーズンは、リーグ・アンの得点王でした。

イタリアのセリエAでは、コロンビア代表のドゥバン・サパタが得点ランキング2位に食い込んでいます。

ドイツのブンデスリーガは、その他四つのリーグとは性格が異なります。得点ランキングに占める南米選手の割合が、ここ数年は非常に低くなっています。これは、隣国のオランダやポーランド、あるいは北欧出身の外国人選手が多く、南米出身の選手の絶対数が少ないことが理由にあげられます。

日本人選手はどうでしょうか。

18—19シーズンのヨーロッパ5大リーグから、FWやウイングを定位置とする日本人選手の成績を抜き出してみます。

イングランドのプレミアリーグでは、レスターシティの岡崎慎司《おかざきしんじ》(19年8月にリーガ・エスパニョーラ2部のマラガへ移籍)が21試合に出場して無得点に終わりました。武《む》藤《とう》嘉紀《よしのり》(ニューカッスル)は17試合出場で1得点です。

岡崎と武藤は、プレミアリーグでプレーする以前にブンデスリーガで実績を残しました。岡崎は13—14、14—15シーズンに、マインツで2ケタ得点をあげています。13—14シーズンの15得点は、欧州5大リーグにおける日本人選手の最多得点記録となっています。

岡崎のレスター移籍後にマインツ入りした武藤は、3シーズン在籍して7点、5点、8点の記録を残しました。2ケタ得点には届かなかったものの、まずまずと言っていい成績でしょう。しかし、イングランドでは苦戦を強《し》いられました。

レスターで４シーズンを過ごした岡崎も、イングランドでは２ケタ得点を記録していません。チームの戦術や監督の起用法などが理由にあげられますが、見逃せないのはリーグのレベルです。

ヨーロッパのクラブナンバー１を決めるＵＥＦＡ（欧州サッカー連盟）チャンピオンズリーグ（ＣＬ）の18―19シーズン決勝は、イングランドのリバプールとトッテナムで争われました。イングランドはリーグ全体の水準がヨーロッパ屈指《くっし》であり、日本代表として２０１８年のロシア・ワールドカップに出場した岡崎と武藤でも、得点をするのが難しいリーグだったと言うことができます。

ロシア・ワールドカップで日本代表の１トップを務め、現在の森保一監督のもとでも得点源となっている大迫勇也《おおさこゆうや》は、13―14シーズン途中からブンデスリーガのクラブでプレーしています。日本代表では替えのきかない選手と報道されている彼ですが、ドイツでは２ケタ得点をマークしたことがありません。７ゴールが最多です。18―19シーズンはケガなどもあって試合出場数が伸びず、わずか３ゴールに終わりました。

18―19シーズンのブンデスリーガでは、原口元気《はらぐちげんき》、宇佐美貴史《うさみたかし》、久保裕也《くぼゆうや》、浅野拓磨《あさのたくま》もプレーしました。彼らも日本代表や五輪代表で結果を残してきた選手たちですが、クラブでのゴール数は芳《かんば》しいものではありません。宇佐美と久保は1点、原口と浅野は無得点で18―19シーズンを終えています。宇佐美はこのシーズンを最後にドイツを離れ、19年7月から古巣《ふるす》のガンバ大阪に復帰しました。

　ロシア・ワールドカップで2得点をあげた乾貴士は、リーガ・エスパニョーラのアラベスで2得点に終わりました。日本人選手が活躍するのは難しいと言われてきたスペインで、15―16シーズンから戦っているのは評価されるべきでしょう。16―17シーズンには、世界的強豪のバルセロナから1試合2得点の離《はな》れ業《わざ》を演じました。

　そもそも乾という選手は、チャンスメーカーの性格が強いタイプでもあります。チームの監督からも、ゴールばかりを期待されているわけではないのかもしれません。ただ、得点機《とくてんき》を確実に生かしていれば、リーガ・エスパニョーラでももっと取れた可能性はあります。

セカンドグループでは活躍

5大リーグ以外に目を向けると、日本人アタッカーの奮闘が目を引きます。

オランダのエールディビジでは、堂安律《どうあんりつ》がフローニンゲンで中心選手となっています（19年8月PSVアイントホーフェンへ移籍）。移籍1年目の17－18シーズンはリーグ戦9得点、18－19シーズンは5得点の成績です。

ベルギーのジュピラー・プロ・リーグでは、シントトロイデンの鎌田大地《かまだだいち》が18－19シーズンに得点ランキング5位タイの15ゴールを叩き出しました。ブンデスリーガのフランクフルトでは十分な出場機会を得られなかったものの、攻撃的MFからストライカーへコンバートされたシントトロイデンで、それまで引き出されていなかった得点能力が花開いたのです。19年8月よりフランクフルトへ戻り出場しています。

オイペンで2シーズン目を過ごした豊川雄太《とよかわゆうた》は、自身最多の9ゴールを記録しました。18－19シーズン途中にゲンクに加入した伊東純也《いとうじゅんや》は、13試合に出場して3得点の成績を残しました。

オーストリアのザルツブルクに在籍する南野拓実《みなみのたくみ》は、加入2シーズン目と3シーズン目に2ケタ得点をあげています。18－19シーズンは6ゴールに止まりましたが、国内外のカップ戦を加えるとシーズン14ゴールになる。悪くない成績でしょう。

19―20シーズンよりポルトでプレーする中島翔哉《なかじましょうや》は、17―18シーズンのポルトガルリーグで29試合に出場して10ゴールの結果を残しました。

ベルギー、オランダ、オーストリア、ポルトガルなどのリーグは、5大リーグを追いかけるセカンドグループといった位置づけです。自国の代表選手は国外でプレーしており、ブレイク前の若手選手がリーグを支えています。

このセカンドグループであれば、日本人選手でもゴールを取ることはできる。しかし、5大リーグで得点ランキング上位に顔を出すには、まだまだ足りないものが多いのでしょう。日本人選手のレベルは相対的に上がっていますが、世界もまた進化しているということです。

「南米には学ぶことがたくさんある」

東京五輪に出場するチームと日本代表を指揮する森保監督は、「南米のチームには、我々が学ぶべきことがたくさんある」と話します。「南米には〝マリーシア〟という言葉がありますが、色々な部分で賢さを発揮するという部分を、選手にも学んでほしいし、スタッフも学ばなければいけないと思います」と続けます。

ポルトガル語のマリーシアは、しばしば「ずる賢い」と訳されます。スペイン語ではピカルディアと言いますが、南米には「ズルく」て「賢い」選手が多く、ピッチ上では様々な駆け引きが行われています。日本では考えられないような罠《わな》を仕掛けてくるＤＦ（ディフェンダー）もいます。

そのなかで得点をあげるストライカーは、個人の技術や戦術はもちろん、精神的な逞《たくま》しさも身に付けています。国際舞台で結果を残すためには、メンタルタフネスと呼ばれる心の強さが欠かせません。

19年のコパ・アメリカを例に出せば分かりやすいでしょう。

この大会のブラジル代表は、エースのネイマールを負傷で欠いていました。代わって出場機会を得た選手のひとりが、エヴェルトンという選手でした。

ブラジル国内のグレミオに所属する彼は、コパ・アメリカ開幕前時点で国際試合の出場試合数がわずか「６」でした。国際大会に出場するのも初めてでした。

日本なら「経験の少ない選手」として数えられるのでしょうが、国内リーグには17歳でデビューしています。グレミオはブラジルで名門に数えられるクラブですから、地元メディアはもちろん、サポーターの要求も厳しい。10代でも20代前半でも、不甲斐《ふがい》ないプレーをすれば容赦《ようしゃ》なく批判されます。

そうした環境で揉《も》まれていることは、ブラジル代表として戦うための準備となっていたのでしょう。コパ・アメリカの試合と同じくらい多くの観衆で埋まったスタジアムでプレーしたことも、南米の公式戦も、クラブレベルで経験済みです。コパ・アメリカという舞台は、エヴェルトンにとって非日常ではなかったのです。

それに対して、日本人選手はどうだったか。

J1リーグの松本山雅FCに所属する前田大然《まえだだいぜん》(19年7月よりポルトガルリーグのマリティイモへ期限付き移籍)、法政大学3年で代表入りした上田綺世《うえだあやせ》(19年7月から鹿島アントラーズに在籍)らは、出場した試合でチャンスを生かせませんでした。しかし、彼らにはコパ・アメリカに似た環境でプレーした経験がありません。

日本代表がコパ・アメリカで戦った3試合のなかで、もっとも観衆が多かったのはウルグアイ戦の３万９７３３人でした。Ｊ１リーグでも特別に多い数字ではありませんが、そのほとんどが相手チームのサポーターというのは？　日本国内では体験しにくい環境です。彼らがチャンスを生かせなかったのは実力不足ではなく、あの舞台に立つ準備ができていなかったからと言えるでしょう。

南米の選手たちは、プレッシャーにさらされてもそれを力に変え、乗り越える強さを身に付けています。

日本人ＦＷが彼らから学べることは多いと、私は確信しています。

第２章

なぜ南米のストライカーは世界で活躍できるのか

南米へ旅立つ

ヨーロッパのトップリーグではブラジル、アルゼンチン、ウルグアイ、コロンビア、チリなどの南米出身の選手が数多くプレーしています。その傾向はここ最近のものではなく、私がサッカーを始めた１９８０年代から脈々と続いているものだと思います。

私自身も南米のサッカーには、少年時代から触れてきました。

私が生まれ育った静岡県は、Ｊリーグ開幕以前からサッカーが盛んでした。地元の放送局もサッカーを熱心に取り上げていて、ブラジルへサッカー留学をした後に、プロサッカー選手になった当時のカズこと三浦知良《みうらかずよし》選手のドキュメンタリーが放送されたりもしていました。夏には高校生年代の国際大会が開催され、主にブラジルのチームが毎年のように参加していました。ブラジルのクラブの一員として、カズさんが凱旋《がいせん》帰国したこともあります。

私の場合、家庭のなかでも南米は身近でした。母の祖母の兄が、アルゼンチンに住んでいたのです。そういった縁もあって、３歳年上の兄がアルゼンチンへ行きました。現地でプロにもなりました。

兄のチームメイトには、のちにアルゼンチン代表となる選手もいたそうです。そのなかのひとりが、ディエゴ・シメオネです。1994年、98年、2002年のワールドカップに出場し、現在はスペインのアトレティコ・マドリードの監督を務めています。

他でもない私も、高校を卒業した直後に南米へ旅立ちます。

ちょうどJリーグが開幕した1993年のタイミングで、私はウルグアイのペニャロールというクラブの一員になります。「行くなら日本人のいないところ」と考えていましたので、日本人のサッカー留学生が多いブラジルは候補から外れます。そこで、アルゼンチンやチリのクラブなども候補に上げつつ、最終的にはウルグアイへ行くことになりました。

私が合流したのはトップチームではなくそのひとつ下、分かりやすく言えば日本のプロ野球の2軍のようなチームでした。ペニャロールは南米のクラブ王者を決めるリベルタドーレス杯で何度も優勝していて、現在のクラブワールドカップの前身に当たるインターコンチネンタルカップに南米代表として出場したこともあります。

代表選手も数多く輩出している国内屈指の名門クラブなのですが、練習環境は決して良く

第１回 FIFA ワールドカップの決勝も行われたウルグアイのエスタディオ・センテナリオ

ありませんでした。サッカー以外の競技もある総合型クラブで、私たちはクラブが借りている陸上競技場のフィールドで練習をするのがいつものパターンでした。トラックでは陸上選手が走っていることもありました。

チームメイトを蹴落《けお》としてでも

環境以上に驚かされたのが、ウルグアイ人の精神性です。

練習前にロッカールームで談笑していた選手が、ピッチに立つと目の色を変えてやり合う。日本人の感覚からするとひどく汚いプレーが、ピッチ上のあちらこちらで繰り返されていく。最初のうちは「チームメイトなのに、そこまで激しくやるのかよ」と思いました。けれど、日頃の練習から戦いなのです。

というのも、トップチームにケガ人が出たり、累積警告《るいせきけいこく》による出場停止の選手が出たりすると、私たちのチームから代わりの選手が引き上げられるのです。控え選手の人数合わせで呼ばれるわけではなく、試合で使ってもらうことも多くありました。

そこで印象に残るパフォーマンスを見せれば、そのままトップチームに定着できる。レギュラーポジションをつかんだら、ヨーロッパのクラブへ移籍できる。月10万円だった給料が1000万円に跳《は》ね上がり、首都モンテビデオの高級住宅街に大きな自宅を建てることができる――そういう先例をいくつも見てきたので、チームメイトを蹴落としてでも這《は》い上がるという雰囲気に満ちているのです。

チームには毎週のように練習生がやってきます。ひとり来てはひとり去り、またひとり来てはまたひとり去る。野生の動物のように、毎日が生存競争です。

ペニャロールのCF（センターフォワード）は熊《くま》のような体格の持ち主で、ゴールへ向かっ

ウルグアイ代表チームのトレーニング施設

ていく力強さは日本では見たことのないものでした。21世紀のいまなら「インテンシティ(強さ・激しさ)」という言葉を使いたくなる選手です。プレーの「強度」が高かったのです。

リーグ全体を見渡しても、フィジカル的に鍛《きた》えられている選手が多かったと感じます。

静岡県の東海大学第一高校(現在の東海大学付属静岡翔洋高校)出身の私は、高校生年代から大学生や社会人のチームと練習試合をしてきました。自分よりフィジカルの逞《たくま》しい相手とのぶつかり合いにも、それなりに慣れていたつもりでした。

アジアでフィジカルが強いとみなされてい

る韓国のチームとも、何度も対戦してきました。U－17（17歳以下）世代の日本代表では、コテンパンにやられました。

しかし、ウルグアイではフィジカルのレベルに明らかな違いを感じました。

豪華な筋トレ施設があるわけではないのです。ゴムチューブやバーベルを使ったり、森のなかを走ったり。ウルグアイの選手たちは、施設や用具が整っているから筋トレをやる、などという気持ちの在《あ》りかたではないのです。

その根底にあるのが、ゴールに対する強い執着心《しゅうちゃくしん》でした。彼らはゴールへの執念《しゅうねん》を強く持っていたからこそ、インテンシティ、プレーの強度、フィジカルの強さがもたらされていました。

ヨーロッパへ行って活躍したい。家族に大きな家を建てたい。だから、頑張る。シンプルですがブレのないモチベーションが、彼らの成長意欲に持続力を与えているのです。

⚽ ウルグアイのサッカースタイル

ペニャロールのサッカーは、とにかくゴールを中心にプレーするものでした。トップチームがリーグ戦で対戦する相手を見ても、前へ、前へという意識が押《お》し並《な》べて強い。どのチームもカウンターが得意で、相手守備陣を単独で切り崩せる選手も多かった。

ペニャロール行きを手伝ってくれたエージェント（代理人）には、「中盤でボールを受けたら速くパスを出して、早くゴール前へ行くんだ。そうしないと相手に削《けず》られるぞ」とアドバイスされました。「削られる」とはボールと足を同時に刈《か》り取《と》るようなタックルを受けることで、実際に中盤でボールさばきに時間をかけていると、相手チームの餌《え》食《じき》になったものです。

中盤でのボールのつなぎはできるだけシンプルにしたい、というのがクラブを問わずに共通するウルグアイのスタイルなので、タテに速いサッカーになる。ウルグアイのグラウンドは日本のように色鮮《いろあざ》やかな緑の芝生《しばふ》ではなく、芝生がところどころ剥《は》げていたり、デコボコがあったりするので、ボールが転がりにくいのです。グラウンドの影響によるミスを減らすためにも、パスの本数を減らしてタテに速いサッカーを、ロングボールを有効活用するサッカーを、するようになっていったのでしょう。

ペニャロールの育成施設

カウンターの局面では、FWは単独でもボールを運ぶことができ、なおかつシュートへ持ち込めなければなりません。そのために、技術的なうまさ、圧倒的な速さ、競《せ》り合いに負けない強さ(コンタクトスキルなど)、といった個性を際立《きわだ》たせます。

攻撃側がロングボールを使ってくるということは、守備側にはヘディングで跳ね返す強さが要求されます。FWがどのスペースを使おうとしているのか、パスの出し手はどのコースを狙《ねら》ってくるのかを、DFは予測しなければなりません。最終ライン中央を担うCB(センターバック)には、とりわけそうした能力が問われます。

ウルグアイ代表チームの選手たちと

また、南米では攻守において1対1で勝つことが重要視され、局面を打開したり、守り切ったりすることが要求されます。一方、日本では数的優位の状況を作って戦うことが重視され、個人よりもチームメイトでカバーし合うことが要求される傾向にあるので、戦い方に大きな違いがある印象を受けました。

ワールドカップにおけるウルグアイ代表は、2010年にベスト4、14年にベスト16、18年にベスト8と安定した成績を収めています。それぞれの大会の出場メンバーを見ると、CBにはディエゴ・ルガーノ、ディエゴ・ゴディン、ホセ・ヒメネスらが、FWにはディエゴ・フォルラン、ルイス・スアレス、エディンソン・カバーニらがいます。いずれの選手も、ヨーロッパでもトップクラスのクラブに在籍した経験があり、あるいは現在も在籍しています。

FWとDFの育成は密接に関わっている

得点能力の高いＦＷが出現すると、守備側はその選手を抑《おさ》えようと考えます。戦術的なレベルを高めると同時に、一人ひとりのＤＦも自分のレベルを上げていこうと努力します。ＧＫ(ゴールキーパー)も例外ではありません。

日本代表が28年ぶりに出場した96年のアトランタ五輪に、私は出場しました。グループリーグの初戦でブラジル代表と対戦した私たちは、のちに〝世紀のアップセット〟と呼ばれる大番狂わせを演じ、１対０の勝利をつかみました。

西野朗監督と山本昌邦《やまもとまさくに》コーチをはじめとするスタッフのマネジメントは、間違いなく素晴らしかったと思います。チームメイトも力を出し切りました。

なかでも最高の働きをしたのは、ＧＫの川口能活《かわぐちよしかつ》だったでしょう。実に28本ものシュートを浴び、そのほとんどが際《きわ》どいコースを狙ってきたものでありながら、彼はブラジル代表に得点を許しませんでした。

五輪代表での日々のトレーニングから、川口は点を取るのが難しいＧＫでした。動きが俊《しゅん》敏《びん》で身体の立て直しが早く、ゴールのスミを狙ったシュートにも鋭く反応するのです。

私がクロアチアのクラブでプレーしていた当時も、ＧＫのレベルが高かったです。チームメイトには身長が2メートル2センチもある選手もおり、ゴールのどこへシュートを打っても入る気がしません。ところがその彼は、レギュラーではありませんでした。

18年のロシア・ワールドカップで準優勝したクロアチアには、ダニエル・スバシッチというＧＫがいました。いずれもＰＫ（ペナルティキック）戦へもつれた決勝トーナメント１回戦のデンマーク戦、準々決勝のロシア戦で、相手のシュートをストップして勝利を引き寄せました。

クロアチアの選手たちにとって、彼とのトレーニングはレベルアップにつながるものだったと思います。ＧＫやＤＦのレベルが高ければ、ストライカーが育っていきます。

その逆も成り立ちます。

Ｊリーグが開幕した当時は、ワールドカップに出場したことのあるスーパースターがこぞって来日しました。元ブラジル代表のジーコ、旧西ドイツ代表のピエール・リトバルスキー、元イングランド代表でワールドカップ得点王にもなったゲーリー・リネカーらです。

世界の第一線で活躍した彼らと対戦することで、日本人のＧＫやＤＦは守りかたの幅を広げることができたと聞きます。ＦＷとＤＦの育成は密接に関わっていることが分かります。

94年にウルグアイから帰国した私も、ジュビロ磐田、清水エスパルス、ジェフユナイテッド市原・千葉(チーム名は現在のもの)などに在籍し、彼らを含めた世界的な選手と同じピッチに立ちました。同じポジションの外国人ＦＷから学ぶことも、もちろん数多くありました。96年のアトランタ五輪に私が出場できたのも、ウルグアイとＪリーグでの経験が生きたからでした。

私が現役時代を過ごした１９９０年代から２０００年代前半と現在では、サッカーが大きく変わっています。ルールも毎年のようにアップデートされています。ポジションごとに求められる役割も変わっていますが、ＦＷの選手は点を取らなければ評価されません。時代がどれだけ移り変わろうとも、ＦＷに課せられた本質的な役割は不変です。

サッカーは得点を競い合うスポーツです。トーナメント方式の大会ならば、相手の攻撃を徹底的に封じてタイスコアで試合時間を終え、ＰＫ戦に持ち込んで勝利をつかむことも不可能ではありません。しかし、ワールドカップをはじめとした世界大会は、数チームの総当たりグループリーグを経てトーナメントへ突入していきます。

グループリーグを突破するには、勝ち点を稼《かせ》がなければならない。そのためには、ゴールを奪う必要がある。相手の攻撃を抑えるだけでなく、相手の守備を攻略しなければ、結果を残すことができないのです。

ＪＦＡが掲げる目標を達成するには、本当の意味でストライカーと呼べる選手の育成が不可欠なのです。

ストライカー育成の難しさ

それでは、ＪＦＡはどのような対策を講じてきたのでしょうか。

勝敗に直結するポジションとして、ＪＦＡはＧＫとストライカーに着目してきました。たとえば、2005年10月には、「GK+ストライカーキャンプ(西日本)」が行われています。ストライカーには16人の選手が選ばれましたが、そのなかから日本代表まで昇《のぼ》りつめたのはわずかに3人です。大迫勇也、川又堅碁《かわまたけんご》、清武弘嗣《きよたけひろし》です。

大迫のプロフィールは、すでに第1章で説明したとおりです。川又はアルビレックス新潟に在籍していた13年にJリーグで得点ランキング2位の23ゴールをあげ、名古屋グランパスを経て現在はジュビロ磐田に在籍しています。17年、18年と2シーズン連続で2ケタ得点を記録しています。

清武は大分トリニータでプロとなり、セレッソ大阪で力を蓄えてブンデスリーガ、リーガ・エスパニョーラのクラブへと飛躍《ひやく》していきました。ポジションはストライカーではなく攻撃的MFとなり、12年のロンドン五輪、14年のブラジル・ワールドカップにも出場しています。現在はセレッソ大阪で背番号10を背負っています。

16人のうち3人しか日本代表になれていない現実は、ストライカーの育成がいかに難しいのかを表しているのでしょう。一過性ではなく継続性を持った育成が必要ですが、GKに特化したキャンプがその後も開催されていくのに対して、ストライカー育成のキャンプは現在は開催されていません。

私はＪＦＡが公認するＳ級コーチのライセンスを取得しています。Ｊ１リーグのクラブをはじめとして、国内のすべてのチームの指導が可能です。

Ｓ級ライセンスの取得者として、ＪＦＡの取り組みは以前から追いかけています。ＪＦＡが発行する世界大会のレポートや指導書にも目を通していますが、今後の課題としてストライカーの養成がつねにあげられている一方で、具体的な技術の指導法や選手の育成方法についてはあまり言及されていません。

日本代表の最多得点記録を持つ釜本邦茂《かまもとくにしげ》は、日本人ＦＷの特徴として「どうしてもパスを考えてしまっている」と語ります。また、10年から14年まで日本代表監督を務めたアルベルト・ザッケローニは、「日本の選手がゴールを決められないのは技術の問題ではなく、習慣のようなもの」と話しています。

現代サッカーはポジションの概念が薄れ、ＤＦに攻撃力を、ＦＷに守備力を求めます。ヴァイッド・ハリルホジッチのもとで日本代表に初選出され、森保監督のもとでもプレーしたことのあるＦＷの杉本健勇《すぎもとけんゆう》（浦和レッズ）は、17年11月に発売された『月刊サッカーマガジン』のインタビューで「自分には点を取ることだけじゃなくて、それ以外にもやるべきことはたくさんある」と話しています。

17年のJリーグで22得点をあげた杉本は、翌18年はわずか5得点に終わっています。当時所属していたセレッソ大阪のチーム事情もあったのでしょうが、「点を取ること以外のやるべきこと」にエネルギーを注いだことも、得点が減った一因かもしれません。

19年の春に、日本高校選抜対静岡県ユース選抜の試合が行われました。

どちらも選抜チームです。コンビネーションばっちりにプレーするのは難しいです。

それだけに、一人ひとりの意識が大切になります。とくにゴール前の場面では、「オレがやってやる」といった気持ちが、得点をあげること、失点を防ぐことにつながっていきます。

この試合は、静岡県ユース選抜の勝利に終わりました。日本高校選抜に比べてチームとして成り立っていることが、結果に結びついたところはあったのでしょう。

ただ、日本高校選抜はシュートが少なかった。5本にも満たなかったはずです。そこに私は、日本サッカーの課題が表れていると感じました。

シュートまで持ち込める場面が5回以下だったのか。そうではありません。私の眼には高校選抜の選手たちが遠慮している、と映りました。自分を出すのではなく周りに合わせることを優先して、相手が脅威《きょうい》を感じないサッカーになっていたのです。

どんな状況でも得点できる強さ

ひるがえって、世界で活躍するFWはどうでしょうか。

JFAが16年にまとめたレポートには、「世界はほんの少しの判断ミスやコントロールミスを見逃さず、的確についてくる。そしてチャンスを確実に仕留《しと》めて風穴を開けていく」との記述があります。5大リーグで得点王争いをする南米の選手たちは、まさにそういったタイプでしょう。

5大リーグで得点王争いをする選手のなかで、とくに南米出身の選手に着目《ちゃくもく》するのは、彼らが戦っている日常が日本人選手の参考になるからです。

世界のサッカーはヨーロッパを軸《じく》に動いています。優秀な選手はほぼ漏《も》れなくヨーロッパに、5大リーグに集まってくる。母国から遠く離れたヨーロッパで結果を残している南米出身の選手は、極東から飛び出して世界で戦う日本人選手と同じように、アウェイの環境で結果を残しているわけです。

彼らが優れているのは、得点能力だけではありません。

ウルグアイ代表のスアレスは、エールディビジ、プレミアリーグ、リーガ・エスパニョーラで得点王になっています。代表チームの僚友《りょうゆう》カバーニは、セリエAとリーグ・アンで得点王を獲得しました。アルゼンチン代表のアグエロとゴンサロ・イグアイン、コロンビア代表のハメス・ロドリゲスらも、異なるリーグでコンスタントに得点を重ねています。

リーグが変わればサッカーも変わります。そのなかで結果を残しているのは、環境適応能力の高さを表しているでしょう。どんな状況に立たされても得点できること、大事な試合の大事な時間帯にゴールを決めることが、彼らの優れた特徴なのです。

南米に生まれてヨーロッパで活躍する彼らを「ストライカー」と定義《ていぎ》することで、日本人FWの進むべき道がはっきりしてくるでしょう。

第３章

2018年ロシア・ワールドカップで見えた世界の潮流

平均得点の比較

日本代表はこれまで出場した６回のワールドカップで、合計21試合を戦って20得点をあげています。１試合平均の得点は１点以下です。

２０１８年のロシア・ワールドカップでは、４試合で６得点を記録しました。１試合平均の得点が、１点を超えた（２００２年日韓大会以来）のです。しかし一方で、失点が７を数えました。こちらも１試合平均で１点を超えてしまったのです。

ロシア・ワールドカップの出場国を見てみると、優勝したフランス代表は全７試合で14得点をあげました。１試合平均は２点です。フランス代表、クロアチア代表、イングランド代表、ベルギー代表のベスト４進出国の合計得点は56で、１試合平均では２点になります。

ベスト８進出国の合計得点は88で、１試合平均は１・８３でした。ベスト16進出国の合計得点は１３０で、１試合平均は１・６３です。４試合で６得点の日本代表は１試合平均１・５点ですから、ベスト16に進出したもののその平均には及びませんでした。

表3　ロシア大会平均得点(1試合あたり)

大会通して

	総得点	試合数	平均得点
優勝チーム	14	7	2.00
ベスト4	56	28	2.00
ベスト8	88	48	1.83
ベスト16	130	80	1.63
日本	6	4	1.50

グループリーグ

	総得点	試合数	平均得点
優勝チーム	3	3	1.00
ベスト4	27	12	2.25
ベスト8	50	24	2.08
ベスト16	83	48	1.73
日本	4	3	1.33

優勝したフランス代表には、興味深いデータがあります。グループリーグ3試合の結果は2対1、1対0、0対0なので、合計で3得点しかあげていません。ところが、決勝トーナメントの4試合では11点も叩き出しているのです。

リオネル・メッシを擁《よう》するアルゼンチン代表との決勝トーナメント1回戦は、4対3の打ち合いを制しました。その後はウルグアイ代表を2対0、ベルギー代表を1対0で退け、決勝ではクロアチアに4対2で勝利しました。取るべきところで点を取れるのがフランス代表の強みであり、エムバペとグリーズマンという取るべき人が取っていたのも、チームに勢いや自信をもたらしたのでしょう。

表４　ロシア大会平均得点（1試合あたり）

大陸別

	総得点	試合数	平均得点	平均失点	勝敗	平均勝ち点
欧州（14）	102	66	1.55	1.17	31勝17分18敗	1.7
南米（5）	29	21	1.38	0.95	11勝3分7敗	1.7
北中米（3）	7	10	0.70	2.20	2勝1分7敗	0.7
アフリカ（5）	16	15	1.07	1.73	3勝2分10敗	0.7
アジア（5）	15	16	0.94	1.50	4勝3分9敗	0.9
日本	6	4	1.50	1.75	1勝1分2敗	1.0

ロシア・ワールドカップの1試合の平均得点を、大陸別に見てみます。

ヨーロッパから参加した14か国の平均得点は1・55でした。南米の5か国の平均得点は1・38です。

1試合平均で2点に届かないのか、と思う方がいるかもしれません。しかし、次に平均値の高いアフリカの5か国は、1・07にとどまります。アジアは0・94で、北中米カリブ海は0・70でした。

一方の失点はと言うと、1試合平均がもっとも少ないのは南米の0・95で、次がヨーロッパの1・17です。その次はアジアの1・50で、アフリカの1・73、北中米カリブ海の2・20と続きます。得点をあげることと失点をしないことを両立させることの重要性が、このデータから分かるでしょう。

セットプレー起因の得点が増加

18年のロシア・ワールドカップでは、全64試合で169ゴールが記録されました。14年のブラジル・ワールドカップは171ゴールでしたから、総数はあまり変わっていません。違いがあるのはオウンゴールで、14年の5点に対して18年は12点です。これを除くと14年は166点で、18年は157点となります。

得点の内訳を見ると、セットプレー起因が66点で、14年の57点から9点増えました。全体の39・1パーセントを占めています。

セットプレー起因の得点が増えた背景には、映像で判定を再確認するVAR（ビデオ・アシスタント・レフェリー）の導入があります。14年は12点だったPKが、18年は22点にまで増えました。

セットプレーに対してオープンプレー（流れのなかでの得点）は、14年との比較で18年が少ない。その主な理由はセットプレーが増えたことですが、流れのなかから得点できるかどうかは、当然のことながら勝敗に結びついていきます。

流れのなかからの得点は、「相手から奪った後」と「セットプレー後6プレー以上」に分けられます。セットプレー後6プレー以上のゴールとは、スローインやゴールキック、FK(フリーキック)などからスタートした攻撃で6プレー以上かかった後のゴールを指します。

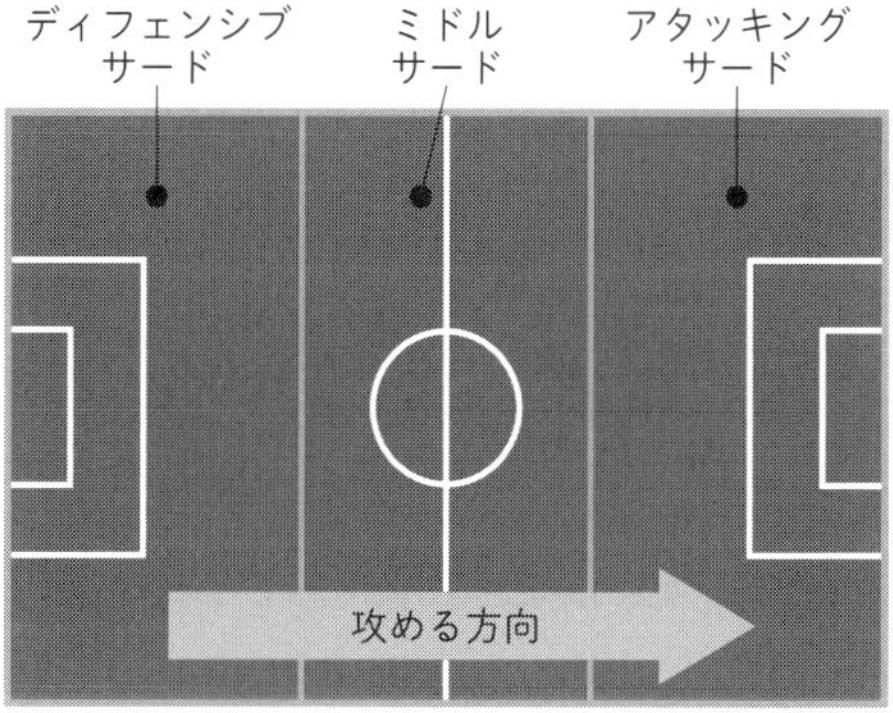

図1

「相手から奪った後」のゴールは、「カウンター」と「ポゼッション」、「その他」の三つに分けられます。

カウンターはアタッキングサード(フィールドを3等分したうちの相手ゴール側3分の1のエリア)後方とミドルサード(フィールドを3等分したうちの真ん中のエリア)で奪ってから10秒以内のゴールを「ショートカウンター」とし、ディフェンシブサードで奪ってから15秒以内のゴールを「ロングカウンター」としています。

<table>
<tr><th></th><th>2018
ロシア</th><th>2014
ブラジル</th><th></th><th>2018
ロシア</th><th>2014
ブラジル</th><th></th><th>2018
ロシア</th><th>2014
ブラジル</th></tr>
<tr><td>PK</td><td>22
(13.0)</td><td>12
(7.0)</td><td></td><td></td><td></td><td></td><td></td><td></td></tr>
<tr><td>セットプレー直後</td><td>6
(3.6)</td><td>3
(1.8)</td><td></td><td></td><td></td><td></td><td></td><td></td></tr>
<tr><td>セットプレーから</td><td>38
(22.5)</td><td>42
(24.6)</td><td></td><td></td><td></td><td></td><td></td><td></td></tr>
<tr><td rowspan="4">相手から奪った後</td><td rowspan="4">58
(34.3)</td><td rowspan="4">85
(49.7)</td><td rowspan="2">カウンター</td><td rowspan="2">24
(14.2)</td><td rowspan="2">33
(19.3)</td><td>ショートカウンター</td><td>12
(7.1)</td><td>21
(12.3)</td></tr>
<tr><td>ロングカウンター</td><td>12
(7.1)</td><td>12
(7.0)</td></tr>
<tr><td>ポゼッション</td><td>13
(7.7)</td><td>10
(5.8)</td><td></td><td></td><td></td></tr>
<tr><td>その他</td><td>21
(12.4)</td><td>42
(24.6)</td><td></td><td></td><td></td></tr>
<tr><td rowspan="2">マイボールから
(セットプレー後6プレー以上)</td><td rowspan="2">33
(19.5)</td><td rowspan="2">24
(14.0)</td><td>ポゼッション</td><td>9
(5.3)</td><td>11
(6.4)</td><td></td><td></td><td></td></tr>
<tr><td>その他</td><td>24
(14.2)</td><td>13
(7.6)</td><td></td><td></td><td></td></tr>
</table>

(　)内はパーセンテージ　　データ提供：データスタジアム株式会社

得点パターン

	2018 ロシア	2014 ブラジル
総ゴール数	169	171
オウンゴール	12 (7.1)	5 (2.9)
ゴール数（オウンゴールを除く）	157 (92.9)	166 (97.1)
セットプレー起因（5プレー以下）	66 (39.1)	57 (33.3)
流れの中	91 (53.8)	109 (63.7)

〈定義〉

• セットプレーから：PK とセットプレー直接以外のゴールでセットプレーから 5 プレー以内のゴール

• ショートカウンター：アタッキングサード後方とミドルサードで奪ってから 10 秒以内でのゴール

• ロングカウンター：ディフェンシブサードで奪ってから 15 秒以内のゴール

• ポゼッション：攻撃開始から 30 秒以上でのゴール

図 2

表5　ゴールのタッチ数

	2018年 ロシア大会 ゴール数(%)	2014年 ブラジル大会 ゴール数(%)
総得点	169(100.0)	171(100.0)
ワンタッチ	88(52.1)	94(55.0)
ツータッチ以上	41(24.3)	57(33.3)
PK直接	22(13.0)	12(7.0)
FK直接	6(3.6)	3(1.8)
オウンゴール	12(7.1)	5(2.9)

引用：2014 FIFAワールドカップブラジルJFAテクニカルレポート
データ提供：データスタジアム株式会社

カウンターという表現は、ひとりの選手が長い距離を一気に持ち込んでいく印象を含んでいたものです。しかし、18年のロシア・ワールドカップではひとりやふたりではなく、基本的にチーム全体が関わるカウンターが多く見られました。日本代表がそうでしたし、上位に進出したチームもそうでした。

日本代表対ベルギー代表戦で、ベルギー代表があげた決勝ゴールは高速のロングカウンターでした。

GKティボ・クルトワが日本代表のCK(コーナーキック)をキャッチして、すぐにケビン・デブライネへつなぐ。デブライネは自陣の真ん中あたりからアタッキングサードの手前あたりまでドリブルでボールを運び、右サイドのトーマス・ムニエにパスをする。ゴール前を横切るようなムニエのラストパスをロメル・ルカクがスルーし、走り込んだナセル・シャドリがプッシュしました。シャドリの背後には、エデン・アザールも詰めていました。

カウンターにも多くの選手が関わる。それが現代サッカーなのです。

スピードという要素は、ゴールのタッチ数（シュートを打つまでのタッチ数）にも絡《から》んでいます。

14年のブラジル・ワールドカップでは、ワンタッチによるゴールが94点で、全体の55パーセントでした。それに対して、18年のロシア・ワールドカップは88点で、およそ52パーセントになります。ワンタッチゴールが多い傾向は変わりません。

ヨーロッパの強豪クラブが争うＵＥＦＡチャンピオンズリーグを見ても、ワンタッチゴールは多いです。強固な守備を崩《くず》すためには最後の局面のシュートだけでなく、攻撃の組み立てや崩しの局面でもワンタッチプレーが活用されています。狭いスペースのなかで素早く正確にプレーする技術、ゴールへ向かう姿勢が重要視されているのでしょう。

表６　ゴールのシュート位置

	2018年 ロシア大会 ゴール数（%）	2014年 ブラジル大会 ゴール数（%）
総得点	169（100.0）	171（100.0）
ペナルティーエリア内	111（ 65.7）	135（ 78.9）
ペナルティーエリア外	24（ 14.2）	19（ 11.1）
ペナルティーキック	22（ 13.0）	12（ 7.0）
オウンゴール	12（ 7.1）	5（ 2.9）

引用：2014 FIFA ワールドカップブラジル JFA テクニカルレポート
データ提供：データスタジアム株式会社

ペナルティエリア内では優位に立てる

ストライカーを分析していくうえでは、どこからゴールが決まったのかにも着目する必要があります。

もっとも得点が決まっているのは、ペナルティエリア内（ＰＫを除く）からです。14年のブラジル・ワールドカップでは総得点の78・9パーセントを占める１３５点、18年のロシア・ワールドカップでは全体の65・7パーセントにあたる１１１点が、ペナルティエリアのなかから決まっています。

14年より18年の数字が少ないのは、ＰＫが増えた影響があります。

ＰＫはペナルティエリア内での反則で与えられ、守備側が反則をしなければ決定的なシュートへ結びついていた可能性が高い。また、守備側が自分たちのゴールへボールを押し込んでしまうオウンゴールは、そのすべてがペナルティエリア内からと考えて差し支えありません。ペナルティエリア内からの得点がもっとも多い傾向は、18年も同じだと考えていいでしょう。

1990年代後半から2010年過ぎまでヨーロッパの第一線で活躍した、ダヴィド・トレゼゲという選手がいます。彼はフランス生まれですが、両親がアルゼンチン人ということもあり、2歳でアルゼンチンへ移住しました。のちにフランス代表としてワールドカップとユーロ(欧州選手権)で優勝を成《な》し遂《と》げ、イタリア・セリエAで得点王になったそのルーツは、18歳まで過ごした南米にあると言っていいでしょう。

17年3月にトレゼゲに話を聞く機会を得た私は、「あなたの得意なゴールのパターンは?」との質問をしました。彼は「ペナルティエリア内でのワンタッチシュートの精度にこだわっていた」と答えました。

元日本代表の高原直泰にも、同じ質問をしました。ドイツ・ブンデスリーガのフランクフルトで2ケタ得点をマークしたことのある彼も、「ペナルティエリアのなかでパスを受ければ、シュートまで持っていける。相手を完全にかわす必要はない。ちょっとでもマークを外して、相手の足の外側から巻くようなシュートを狙う。（相手が）シュートをブロックしようとして足を開いたら、その間（股間《こかん》）から逆サイドを狙う」と答えました。

ペナルティエリア内でパスを受ければ、ストライカーは主導権を握れます。マークするＤＦがファウルをしたら、すぐにＰＫになります。トレゼゲや高原が国際舞台で活躍していた当時はＶＡＲがありませんでしたが、いまはファウルかどうかの微妙な判定を映像で確認してもらえる。ＤＦは不用意なプレーができません。

ペナルティエリアへ入れば、ストライカーは守備側との駆け引きで優位に立てるのです。日本人選手が国際舞台で得点をあげるには、チームとしていかにペナルティエリアまでボールを運ぶのかも、大事になってくるでしょう。

表7　得点者のポジション

	2018年 ロシア大会 ゴール数（%）	2014年 ブラジル大会 ゴール数（%）
総得点	169（100.0）	171（100.0）
FW	83（ 49.1）	94（ 55.0）
MF	43（ 25.4）	56（ 32.7）
DF	31（ 18.3）	16（ 9.4）
オウンゴール	12（ 7.1）	5（ 2.9）

引用：2014 FIFA ワールドカップブラジル JFA テクニカルレポート
データ提供：データスタジアム株式会社

どのポジションの選手が得点をあげているのかについて見てみると、ＦＷの選手の比率が下がっていることが分かります。ワールドカップの得点者をポジション別に分けると、14年はＦＷが55パーセントを占めていましたが、18年は49パーセント強に減っています。

ストライカーの得点力が下がったのか？

そうではありません。セットプレーをきっかけとしたゴールが増え、長身のＤＦがその得点者となっていることがあげられます。実際にＤＦの得点は、14年の16点から18年はほぼ倍増しています。

ペナルティエリアはタテ16・5メートル、横40・32メートルです。日本人選手が世界で結果を残すためには、このスペースでいかにボールを受け、ワンタッチシュートに持ち込めるか、チームとしてＦＷにそのような機会を与えることができるか、これが大事になってくるでしょう。

タテの速さを意識する

18年の日本代表は、ロングカウンターやそれに準じた形でゴールを取ることができていました。

ワールドカップの2か月前まで監督だったヴァイッド・ハリルホジッチは、ボールを奪ったらタテ方向へ速く供給し、相手のアタッキングサードへ、ペナルティエリアへ、できるだけ早く侵入していくことを選手たちに要求しました。

それが間違いだったと言うつもりはありません。しかし、タテへの速さを追求する攻撃では、チームとしてのコンビネーションよりも一人ひとりの選手の身体能力が問われます。前方へ蹴り出されたボールを相手選手と競《せ》り合いながらキープしたり、クロスやシュートへ持ち込んだりしなければなりません。タテ方向へのランニングを何度も、何度も繰り返すので、持久力とダッシュ力(瞬発力)も問われます。

ハリルホジッチ監督は14年のワールドカップでアルジェリア代表を指揮し、タテに速いサッカーでグループリーグを突破し、決勝トーナメント1回戦では優勝したドイツ代表と延長戦までもつれる熱戦を演じました。日本代表でも同じような戦いをしたかったのでしょうが、アルジェリア代表の選手たちとは身体能力が違います。とくにパワーで日本人選手は劣ってしまう。そのため、アジアではタテに速いサッカーで得点できましたが、ヨーロッパや南米の国が相手になると戦いかたが難しくなったのでした。

ハリルホジッチ監督の後任となった西野朗監督は、「状況に応じた対応力」を持とうと選手たちに話しました。「タテに速いサッカーは世界のスタンダードなので、それを捨てることはしない。そのうえで、相手の状況を見ながら自分たちで判断する。スピード重視で攻めて結果的にボールを失うのではなく、相手を動かし、ボールも動かしながら攻めていこう」というスタイルです。

世界的な物差《ものさ》しで言えば、日本人選手はフィジカル、パワー、スピードを武器にできません。だからこそ、お互いの距離感を意識しながら、しっかりパスをつないで攻撃していきます。

パスをつなぎながらの攻撃も、スピードは欠かせません。マイボールから30秒以内のゴールは、14年のブラジル・ワールドカップでは13点でした。それが、18年のロシア・ワールドカップでは24点にまで増えました。ボールを奪ってタテに速く攻める各国のスタイルが読み取れます。

もちろん、ワールドカップに出場するトップクラスの国は、守備が非常に強固です。タテに速い攻めは警戒している。攻撃をスピードダウンさせられてしまうことがある。相手にリトリートされる、という状態です。

大切なのはここからです。

相手が素早く守備の陣形を整えて(リトリートして)、カウンターが成立しない。そうなった場合でも、タテへの速さを意識したボールの動かしかたが必要です。

かつての日本サッカーは、ボールを簡単に失わない、ボールを大切にするということが強調され、それが目的になってしまうことがありました。しかし、西野監督のもとで戦った18年のロシア・ワールドカップでは、自分たちのリズム、自分たちのタイミングで攻めながらも、ゴールを意識したボールの持ちかたができていた。ポゼッションと呼ばれるボールを保持したなかからの攻撃でも、スピードが重視されていたのです。

強みを生かした攻撃

各国の得点パターンを踏まえたうえで、トップクラスのストライカーたちがどのようにゴールを記録していたのかを見ていきましょう。

18年のロシア・ワールドカップで得点王になったハリー・ケイン（イングランド代表）は、6ゴールのうち3ゴールがＰＫによるものでした。三つのＰＫのうちふたつはＣＫでの競り合いで相手が反則をおかしたもので、それ以外の3点のうち2点もＣＫをきっかけとした得点です。

ＣＫやＦＫなどのセットプレーに対して、オープンプレーと呼ばれる流れのなかからの得点は、わずかに1になります。それも、味方のシュートが足に当たってコースが変わり、ケインの得点として記録されたものです。

だからといって、「何だ、ケインは流れのなかからほとんど点が取れなかったのか」と考えるのは早とちりです。実はそれこそが、イングランド代表の狙いだったのです。

ギャレス・サウスゲイト監督が率いるこのチームには、セットプレーのパターンを構築する専門のコーチがいました。オフェンスもディフェンスもパターン化されているアメリカン・フットボールや、バスケットボールの知識を持つコーチが、ＦＫに合わせてゴール前へ入っていく選手たちの動きをデザインしていったのです。

同時に、相手ゴールに近い位置でＦＫを獲得できるように、スピード豊かでドリブルの得意な選手を起用しました。それが、ラヒーム・スターリングだったのです。

イングランド代表がワールドカップでベスト4まで勝ち上がったのは、90年大会以来でした。国際大会での4強としては、自国開催した96年のユーロ(欧州選手権)以来になります。

サウスゲイト監督は、96年当時の代表選手でした。自分たちの強みを熟知《じゅくち》する彼だからこそ、ケインを軸とした攻撃パターンを作り上げることができたのでしょう。

18年大会で優勝したフランス代表も、準優勝のクロアチア代表も、自国の監督に率いられていました。もっと言えば、ワールドカップの歴代優勝国は、すべて自国の監督が指揮しています。その国のサッカースタイルを知り、なぜそれが成り立っているのかも理解できる自国の監督は、やはり大きな強みを持っているのでしょう。ストライカーが能力を開放できるかどうかには、チームの戦術も密接に関わってくるのです。

ロナウドはいつでも、どこでもロナウド

選手の特徴をしっかりと生かした点は、18年大会で20年ぶり2度目の頂点に立ったフラン

ス代表にも、過去最高の３位に食い込んだベルギー代表にも共通します。

すでに触れたとおり、ワールドカップの得点においてセットプレー起因の得点は３分の１を超えています。オープンプレーとセットプレーを等しくストロングポイント（強み）にできるチームが、世界のトップ・オブ・トップへと勝ち上がっていけるのです。

フランス代表の前線には、爆発的なスピードを誇るエムバペがいました。技術が高くて得点感覚の鋭いグリーズマンもいました。彼らを下支えするポストプレーヤーとして、190センチを超える長身のオリヴィエ・ジルーが最前線に構えてもいました。

オープンプレーの中心はカウンターアタックですから、エムバペのスピードが生かされる。それと同時に、セットプレーにも対応できる選手が揃《そろ》っていたわけです。

ストライカーとしての理想型は、オープンプレーでもセットプレーでも得点できて、PKのキッカーも務める選手でしょう。そうやって考えていくと、クリスティアーノ・ロナウド（ポルトガル代表）の名前をあげなければなりません。

ロシア・ワールドカップでの彼は、得点ランキング２位タイの４ゴールをマークしました。ポルトガル代表は決勝トーナメント１回戦で敗れましたから、出場試合数は４です。１試合平均の得点が1を超えているのは、C・ロナウドのほかにはケインとジェリー・ミナ(コロンビア代表)のふたりだけです。

同じ4得点のグリーズマンとエムバペは7試合、ロメル・ルカク(ベルギー代表)は6試合、デニス・チェリシェフ(ロシア代表)は5試合に出場しています。ポルトガル代表がベスト8やベスト4まで勝ち残っていれば、C・ロナウドのゴール数は間違いなく増えていたでしょう。

得点するにはパートナーが必要です。プレーの特徴はもちろん性格まで理解し合って、言葉をかわさなくとも目で意思の疎通《そつう》ができるようなパートナーが。ワールドカップのような大舞台では、ピッチ上で声を掛け合うのは難しいからです。

ロシア・ワールドカップのポルトガル代表には、C・ロナウドのパートナーと成り得る選手が見当たりませんでした。それでも4得点をあげたのは、彼が優れたストライカーであることの証明となりました。

ロシア・ワールドカップ終了後には長く在籍したレアル・マドリード(スペイン)を離れ、セリエAのユベントスへクラブを変えました。それまでプレミアリーグとリーガ・エスパニヨーラで得点王に輝いてきた彼は、移籍1年目のユベントスでも得点ランキング4位の21得点を記録し、チームのリーグ優勝に貢献《こうけん》しました。

表現方法を変えれば、C・ロナウドはどこへ行ってもC・ロナウドなのです。クラブチームでも、代表チームでも、求められるのはゴールを取ることです。ディフェンスにももちろん汗を流しますが、ポジションはつねにFWです。メッシやスアレスにも同じことが言えます。

ゴールを奪う以外の役割を求められる日本人ストライカー

ところが、日本人選手は違うのです。

森保監督が指揮する現在の日本代表で、もっとも信頼を寄せられているストライカーと言えば、誰もが大迫勇也を思い浮かべるでしょう。

自身2大会連続のワールドカップ出場となった18年のロシア大会では、コロンビアとのグループリーグ初戦で決勝のヘディングシュートを決めました。相手の圧力を受けてもボールを失わない大迫は、ベスト16入りしたチームに欠かせない選手でした。

19年1月から2月初旬にかけて行われたアジアナンバー1の代表チームを決めるアジアカップでも、4―2―3―1システムの1トップで圧倒的なまでの存在感を放ちました。身体能力の高さが際立つイラン代表の守備陣を相手にしても、しっかりとボールを収めて攻撃の起点になった。その後、6月のテストマッチで森保監督は3―4―3にトライしましたが、このシステムでも大迫は持ち味を発揮しています。どちらのシステムで戦うとしても、大迫は攻撃の軸になるでしょう。

では、所属クラブでの大迫はどうでしょうか。

14年から18年夏まで在籍した1FCケルンでは、トップ下やサイドハーフでも起用されました。ボランチのようなポジションで使われたこともありました。

16―17シーズンはフランス人のアンソニー・モデストとの2トップが機能し、ドイツで自己最多の7ゴールを記録しました。ところが、モデストが移籍した翌シーズンは4ゴールに終わっています。客観的な事実として、攻撃の軸はモデストだったということなのでしょう。

18―19シーズンに移籍したブレーメンでは、3トップのウイングが主戦場でした。大迫はパスの受け手だけでなく出し手にもなることができ、守備にも労《ろう》を惜《お》しみません。監督からすれば点を取ることだけでなく、色々な役割を任せたくなるのでしょう。しかし、日本代表で不動の１トップと言っていい選手がクラブで違うポジションを任される事実は、世界における日本サッカーの立ち位置を示していると言っていいでしょう。

15年にドイツ・ブンデスリーガからイングランドのレスターへ移籍した岡崎慎司も、１トップのジェイミー・ヴァーディーの後方に位置するトップ下で起用されることが多かった。南米出身の選手たちが得点王争いをする世界の５大リーグで、それも誰もが知っているようなクラブで日本人が得点源となるのは、まだまだ難しいと言わざるを得ません。

私は17年に、当時はＪＦＡの技術委員長だった西野朗・前日本代表監督に話を聞きました。ロシア・ワールドカップで日本代表監督となり、チームをベスト16へ導いたのちに退任した彼は、私が出場したアトランタ五輪の監督であり、その後も様々な場面で意見を聞いてきました。

Ｃ・ロナウドのようにどのチームでもＦＷを任されるのではなく、クラブでは日本代表と違う役割を日本人選手が果たしていることについて、西野前監督も問題意識を持っていました。

「最前線の真ん中で張るのではなくて、4―2―3―1のシステムなら外（サイド）へ追いやられる。ディフェンスも要求される。宇佐美貴史も、浅野拓磨も、久保裕也も、外で使われている。大迫もそう。ただそれは、日本人選手の良さでもある。点を取りたい、たくさん取って実績を残したいと思いながらも、チームの戦術やチーム内での役割をおろそかにはできない。自分は点を取る選手だというイメージとはかけ離れているのかもしれないけれど、いまいるチームで試合に出るには、ヨーロッパで結果を残すには、まず目の前のことをやらなければいけない、という考えになっていくのも分かる。それは決して間違いではないし、日本人選手は運動量があるから、FWでも守備で頑張れる」

ただ、と西野前監督は続けます。

「守備で頑張って監督にアピールをして、スライディングもしてとなると、いざ攻撃になったときに最後のところ、相手のペナルティエリア内で余力が残っていない、という状況がある」

これは、選手の能力だけが問題なのではありません。

Ｊリーグのクラブを見ると、ヨーロッパや南米からやってきた外国人選手にＦＷのポジションを任せている。Ｊ１だけでなくＪ２のクラブも、外国人ＦＷを頼りにしています。日本人の有望な選手が早い段階でヨーロッパのクラブへ移籍するので、外国人選手が目立つところはあるのでしょう。それにしても、日本人ＦＷを育てる環境としては、物足りないと言わざるを得ません。

ストライカーに特化したトレーニングを

すでに述べてきたように、ストライカーは特別なポジションです。西野前監督も、「ストライカーに特化したトレーニングをもっともっとやっていくべきだ。チャンスの場面では身体が自然に動く、迷わず点の取れるポジションへ入っていく、といったストライカーならではの動きは、チーム全体の練習ではなかなか磨《みが》かれない」と話します。

国際舞台で点が取れるＦＷの育成は、古くて新しいテーマです。日本サッカー界もＪリーグが開幕する以前から、様々な取り組みをしてきました。

いまから25年以上前の1993年1月に、「ゴールゲッターの育成」をテーマとした研究発表会が開かれました。その内容の核となるいくつかの部分を、以下に抜き出してみましょう(一部補足などをしています)。

「(Jリーグ開幕前に行われていた)日本リーグの現状を見るとき、ほとんどのチームが得点を取る選手がいないため、ゴールゲッターとしての仕事を外国人選手に頼ることになっている」

「シュートには三つの形があります。(現在はワンタッチシュートと言われることの多い)ダイレクトシュート、ワントラップシュート、コントロールしてからのシュートです。大学レベルでは、このシュートの形をふたつ備えているゴールゲッターを見出《みいだ》すこともできません」

「確実にシュートを決めるそのシュート力は、正しいフォームの形成による技術の発揮と見ることができる。ゴールゲッターのパターン、そのイメージを確立するとともに、正しいシュートフォームを身に付けること、そのための反復練習が大切では」

「指導者は、シュートができるのにシュートしなかったケースに対するチェック、アイディアのあるシュートを打ったケースの評価を考え直す必要がある」

「反復練習のなかで、選手に考え工夫させる余地を。コーチのアドバイス、動機付けは重要だが」

「選手のレベルアップは、称賛《しょうさん》と矯正《きょうせい》のプロセスである。このふたつの要素の区別、基準となるのがコーチの目である」

「シュートを打たないプレー、その傾向は、周囲やコーチがシュートの確率をゲームのなかで自然に要求しているからではないか。まずゴールへ向かってシュートを大胆に打っていくことに、もっと選手を勇気づけるべきだろう」

この研究会から、四半世紀以上が経っています。

当時課題としてあげられたものは、改善されているでしょうか。

いまも当てはまるものが多い、というのが私の実感です。日本サッカー界が何もやってこなかったというわけではないのですが、根本的な部分が変わっていないのだとしたら、新しいやり方を考えていくべきでしょう。

ウルグアイの国土は日本の約2分の1で、人口は約37分の1です。サッカーの競技人口を

ウルグアイ・サッカー協会の施設「Uruguay Celeste（ウルグアイ セレステ）」

比較するのは難しいですが、ウルグアイが優れたストライカーを生み出す確率は日本より高いと言えそうです。

ウルグアイのサッカーがタテに速いことは、すでに触れました。ウルグアイ代表チームのアシスタントコーチであるマリオ・レボーショによると、「最近では横にも広げることができるようになっている」とのことです。サッカーのスタイルを時代に合わせて、さらにアップデートしているそうです。ウルグアイのスタイルをサッカー界全体で共有できるように、サッカー協会のトレーニング施設が建設されました。国内外から指導者、選手が集まりやすい場所として、首都モンテビデオの空港のすぐ近くに建てられています。

すべての年代の代表チームをまとめる総監督として、ウルグアイ代表のオスカル・タバレス監督があらゆるカテゴリーに目配《めくば》りをしています。そのうえで、Ｕ－15（15歳以下）、Ｕ－17（17歳以下）、Ｕ－20（20歳以下）の代表チームが、週に3日この施設に集まってトレーニングをしています（ウルグアイ1部リーグのチームのほとんどが首都モンテビデオをホームとするからこそできるのです）。各年代の監督やコーチはつながりを持っていますから、「この選手はすごく伸びているから、ひとつ上の年代のチームに混ぜてみよう」といったことがスムーズに実現できます。それぞれのチームの良いところ、足りないところを共有できるので、課題を克服する取り組みにも素早く着手できます。

私はウルグアイの複数のクラブでプレーした経験から、彼らが母語とするスペイン語を理解できます。そのおかげで、タバレス監督や代表チームのスタッフ、代表選手に話を聞くことができました。彼らの考えるストライカーに必要な要素を、次章で説明していきましょう。

第4章
ストライカーの条件

ウルグアイがストライカーを生み出す理由

なぜウルグアイという国は、ヨーロッパの５大リーグで結果を残せるストライカーを何人も生み出しているのでしょうか。

ウルグアイ代表のタバレス監督に聞くと、「指導に当たるコーチよりも遺伝が関係していると思う」との答えが返って来ました。もちろん、持って生まれた遺伝的な才能だけを頼りにしているわけではありません。タバレス監督はふたつ目の理由に「環境」をあげています。

「ウルグアイは小さな国で人口も少ないですが、この国の人にとってサッカーは情熱そのものなのです。２０１０年のワールドカップに出場したときには、80歳のおばあさんたちからお手紙をいただきました。それまでサッカーは見たことがなかったけれど、私たちウルグアイ代表がベスト４まで勝ち上がり、ディエゴ・フォルランが得点王になったワールドカップをきっかけに応援するようになった、と書いてありました。サッカー文化のなかで情熱が伝染していたのです。同じ現象がサッカー選手のなかで起きています。世界のサッカー界の

タバレス監督と

偉大な選手、ペレ、ディエゴ・マラドーナ、リオネル・メッシなどが、南米から育っているのは偶然《ぐうぜん》ではありません」

レオのニックネームで知られるメッシは、13歳でスペインの名門バルセロナの育成組織に入団しました。タバレス監督は「どんな選手でも才能は必要です。また、メッシが日本の中学生年代で母国を離れたように、選手をより高いレベルへ導くようなスカウティングも重要」と説明します。

19年夏にFC東京からレアル・マドリードへ移籍した久保建英は、10歳から13歳までバルセロナの育成組織で揉まれました。スカウティングによって才能が磨かれていく分かりやすい例です。レアル・マドリードの育成組織には中井卓大《なかいたくひろ》もおり、彼もスカウティングによって、9歳でスペインへ渡りました。

あと数年も経てば、彼らのようなケースが例外ではなくなっていくでしょう。Jリーグでの活躍を認められてから海外へ移籍するのではなく、プロ入り前のもっと早い段階で海外のクラブにスカウトされる日本人選手が、これからは増えていくと考えられます。

そうは言っても、小中学生年代の日本人選手が海外のクラブの目に留まる機会は、必ずしも多くありません。日本でサッカーをしながらプロを目ざす選手のほうが絶対数は多く、そういった選手たちの成長の一助となるのがこの本の目的です。

スアレスのストライカーとしての資質

ウルグアイ代表のルイス・スアレスを例にあげてみましょう。

1987年1月生まれの彼は、19歳でオランダのフローニンゲンへ移籍しました。いまではバルセロナとウルグアイ代表で得点源となっている世界のトップストライカーも、スタートラインは特別でなかったということが分かります。

スアレスはリーグ内の中堅クラブであるフローニンゲンで1シーズン10得点を記録し、翌シーズンからはオランダ屈指の強豪アヤックスの一員となります。

タバレス監督の回想を聞いてみましょう。

「スアレスはそもそも特別な才能を持っていましたが、とても賢くて吸収力のある選手なので、オランダで色々なことを学んでいきました。アヤックスでは2シーズン目にリーグ得点王となり、3シーズン目からはキャプテンになりました。そのような特別な経験が、彼を育てていきました」

アヤックスで3シーズン半を過ごしたスアレスは、10—11シーズン途中にイングランドのリバプールへ移籍します。18—19シーズンには欧州チャンピオンに輝いた、歴史と伝統を兼ね備えたビッグクラブです。

ここでも彼はリーグ得点王となります。そして14—15シーズンから、バルセロナのユニフォームを着ることになります。

5大リーグの強豪を渡り歩く過程では、ピッチの内外でトラブルも起こしました。相手の選手に噛《か》みついたり、人種差別的な発言をしたりといったことで、長期間の出場停止処分を受けたこともあります。「バルセロナでも、当初は批判されていましたね」とタバレス監督は話します。

「バルセロナの戦術には合わないと言われましたが、徐々に環境に慣れて結果を残しました。どのような選手でも、悪い時期というものはあります。そこを乗り越えて成熟することを、スアレスは教えてくれています」

ストライカーとしてのスアレスは、どのような長所を持っているのでしょうか。

タバレス監督は三つのポイントをあげます。

「フィジカル的に優れ、それを高めていったこと。メンタル的に強いこと。ひとつのミスを引きずって、その試合でまったく振るわない、ということはありません。三つ目は安定感があること。高いレベルで身に付けた技術を、どのような試合でも発揮することができるのです」

⚽ トレゼゲのストライカー論

次に、ストライカー本人にも話を聞いてみましょう。

ひとり目は、第3章でも紹介したダヴィド・トレゼゲです。

ストライカーに必要な要素を聞くと、彼は以下の八つをあげました。

とにかく仕事をすること。

トレーニングに励むこと。

チームのシステムをすぐに理解すること。

チームメイトを理解すること。

監督の言うことを理解すること。

技術。

メンタル。

性格。

日本人の私たちにとっても、特別な要素ではありません。このなかでトレゼゲがとくに重

トレゼゲ氏と

要と位置づけるのが、「チームメイトを理解すること」です。

「チームメイトたちの技術的、身体的、精神的特徴を把握《はあく》すれば、どういうプレーをするのかが分かる。チームメイトと一体になる作業を、日々繰り返していくのです。ストライカーの私にパスを出す選手が、ニアサイドへボールを入れるのが好きなのか、それともファーサイドへボールを入れるのが好きなのか。浮き球のクロスボールが得意なのか、グラウンダーのパスが多いのか。そういった情報を持っているだけで、自分をマークする相手よりも数秒早く動き出せたり、パスが出てくるところへ走り込めたりする。そして、ゲームのレベルが上がるほど、その数秒が大切になる」

私自身の経験に照らしても、高いレベルの試合では一瞬が勝負を分けます。日本で「阿吽《あうん》の呼吸」と呼ばれるような関係をチームメイトと築くことが大切で、そのためにも「トレーニングに励むこと」が必要だ、とトレゼゲは言っているのです。

私が気になるのは「メンタル」です。たとえば大きな大会の試合でチャンスを逃したとき、彼はどうやって気持ちをコントロールしていったのでしょうか。

「シュートを外しても次は絶対に決めてやるという強い気持ちを持って、次また自分にチャンスが来ると切り替えることでしょう。そういう切り替えを続けていくうちに、だんだんと心が鍛えられていく。次の試合では決めるぞとトレーニングに励んで、技術も高めながらやっていくと、どんどんと気持ちが強くなっていきます」

自分が決めてやる、という気持ちは、「自分本位《ほんい》」でも「わがまま」でもありません。それは、ストライカーの責任を果たすことです。

「チームのために仕事をする、チームのために結果を出す、そのために自分が点を取るという気持ちを強く持つ。それは、健康的なエゴイズムと呼べるものです」

エゴイズムとは「自分の利益を中心とした考えかた」で、ストライカーはエゴを持っていなければいけないとも言われます。しかし、トレゼゲが話しているように、「チームの勝利のために点を取る」気持ちを忘れてはいけないのです。

トレゼゲは、ストライカーは「変人が多い」、「個性が強い人間」と話しています。ストライカーの資質がありながら、変わり者であることを理由に評価をしないで才能を潰《つぶ》すことのないよう、個性のある人にもチャンスをあげ、育てることが大切なのです。

彼があげた八つの要素は、それぞれ切り離すことができません。互いに密接に結びついています。そして、日本人に身に付けられないものはひとつもありません。他人に教えてもらうことのできない「メンタル」も、日ごろからの意識付けで逞しく成長させていけると、トレゼゲは教えてくれています。

カバーニのストライカー論

ふたり目はエディンソン・カバーニです。スアレスとともにウルグアイ代表の攻撃を牽引《けんいん》

カバーニ選手と

するこのストライカーにも、インタビューすることができました。彼はスアレスと同じ1987年生まれです。

　ストライカーに必要な要素を聞くと、カバーニはこう答えました。

「ゴールの可能性を嗅《か》ぎ分ける能力、すなわち嗅覚《きゅうかく》だと思っています。ゴールを奪うためにどのように動くのか、どのようにプレーを完結させるのかを嗅ぎ取ることです。それは僕自身にDNA（遺伝子《いでんし》）として組み込まれた才能だと思っています。ストライカーになるサッカー選手はすべて、そのような才能を生まれながらに持っていると考えます」

　カバーニのような有名な選手に「点を取るのは才能」と言われたら、日本の小中高生は「それじゃあ、自分はストライカーになれないな」と思うかもしれません。しかし、あなた自身が自分の才能に気づいていない、ということも考えられます。カバーニの言葉を、注意深く読んでみてください。

「何よりも重要なのは、試合中にボールの流れを想像することです。ゴールを奪うために適したポジションに、どうやって辿《たど》り着くのかを想像するのです」

どうでしょうか。「想像する」ことは、誰にでもできます。もちろん、あなたにもできます。

私自身の経験に照らしてみると、点を取ることを繰り返しながら、「こうすれば取れる」という嗅覚を磨いていきました。遺伝子に組み込まれた才能は生まれながらのものだとしても、小さな才能を大きくすることはできるはずです。そのために「想像する」ことの大切さを、カバーニは語っているのでしょう。

ストライカーを育てる指導者の声

ここで少し、視点を変えてみましょう。

ストライカーを育てる立場にある指導者の声を聞いてみます。

私が選んだのは、グスタボ・ポジェという元選手です。1967年生まれの彼は、スペインやイングランドのクラブで実績を残し、ウルグアイ代表としてもプレーしました。現役引退後はイングランド、ギリシャ、スペイン、中国、フランスのクラブで、コーチや監督を経験しています。

一流と呼ばれるストライカーの共通項について、ポジェは「ちょっとした違い」をあげました。「ボールを受ける前の動きが、普通の選手よりも数秒早い。それは、一流のストライカーなりのタイミングなのでしょう」と言います。

「ゴール前ではやはり、落ち着きがあります。ストライカーの得点というのは、ときに3メートル離れた先のゴール内へボールを置くだけ、のように見えるかもしれません。しかし、重要な試合になると、その距離のシュートでさえも外してしまう選手がいる。落ち着き、というものが大事な理由です」

自身も得点能力の高いＭＦとして活躍したポジェは、「点を取るという才能は生まれ持ったものがある」と言います。ただ、彼が見てきた選手は、才能に寄りかかることはしません

グスタボ・ポジェ氏と

でした。

「大事なのは才能を磨くことです。考えることが一番の才能であってほしい。身体が大きいとか強いといったフィジカルも大切ですが、それよりも賢さを大切にしたいですね」

ポジェが言う「賢さ」とは、「学校の成績がいい＝頭がいい」ということではありません。創造性に富み、柔軟《じゅうなん》な頭をもつこと。そのうえで、自分で考えて、決断して、実行して、その結果を分析して次のプレーに生かす。うまくできたプレーを自信に変えていき、失敗したプレーを教訓にすることを指しているのでしょう。

「チームメイトを理解するのは大切です。

味方の選手がどういうプレーを得意としているのかを知り、自分の特徴と重なり合うようにすることで、得点の可能性は高くなっていきます。ゴールを決めるには、アシストをしてくれる選手が必要ですから。駆け引きという意味では、相手の目を見ながら走るのです。相手が自分から視線を外した瞬間に、相手の視野から消える。決まったパターンの動きではなく、相手を見て自分の動きを決める。フィジカルよりも賢さというのはそういうことなのです。注意深く観察するということです。スペイン語では「ゴールを匂う」とよく言いますが、身長が大きくなくても得点を決めている選手は、ポジショニングに優れていることが多い」

ポジショニングは、予測に基づきます。そこで重要なのは仲間を知ることであり、自分をマークする相手を観察して動きを決めることであり、「タイミングだ」とポジェは指摘します。

「たとえばスアレスは、ゴール前でずっと動き回っているのではなく、ときには動きを止めてパスが来るのを待つ。そのうえで、自分が得点を決める確率の高いスペースをうまく使っている。ニアサイドでワンタッチシュートを決めるのが得意だからといって、そのスペースにあらかじめ入っていたら、当然ながらマークされてしまう。どのタイミングで得意なスペースへ入っていき、どのタイミングでどんなシュートを打つのか。足で決めるのか、頭で合わせるのか。そういったタイミングはとても重要です」

ポジェが言う「タイミング」は人それぞれの感覚であり、「こうすればいい」というものはありません。万人《ばんにん》に当てはまる正解はないのです。

自分なりのタイミングを身に付けるには――練習を重ねることに尽きるのでしょう。ポジェもそのとおりといったように頷《うなず》きます。

それに加えて、両足を同じように使えることの重要さも説いています。

「練習を１００パーセントの力で行う。自分の特徴を理解して、足りないところを練習で補うのです。とくに利き足ではない足は、しっかり練習するべきです。13歳ぐらいまでに蹴られるようにしなければ、その後から成長するのは難しい。骨盤《こつばん》の動きを考えても、身体が出来上がった後の改善は望みにくいのです」

攻撃的なＭＦとして活躍したポジェは、左右両足でシュートを決められる選手でした。私自身も現役時代に、利き足とは逆の足を使うことでＤＦとの駆け引きを優位に進められる、との実感を得たものです。

アルゼンチン代表のメッシは左利きです。右足はほとんど使いません。ずば抜けた判断スピードと決定力があるからこそ、彼は左足1本でも世界のトップレベルで勝負できているのです。

しかし、メッシはときに右足を使います。左足のシュートほど威力はなく、パスにしても精度は下がってしまいますが、相対《あいたい》するDFは悩ましいでしょう。左足だけを警戒していたら、右足を使われてしまうのですから。

これから世界へ飛び出していきたいと考える日本の小中高生には、利き足ではない足も使いこなせるようになってほしいものです。左右両足を同じように使えなくてもプレーの幅は広がります。

適切なエゴイズム

エゴイズムについてはどうでしょうか。トレゼゲは「健康的」という表現を用いましたが、ポジェは「適切なエゴイズム」と言います。

「ヨーロッパの５大リーグで得点ランキングの上位へ食い込んでいくストライカーには、エゴイストという共通点があります。ただ、彼らが持っているのは適切なエゴイズムです。自分でシュートを狙っても入らないと判断したら、パスを選択しています」

18年のロシア・ワールドカップ決勝トーナメント1回戦で、ベルギー代表が日本代表から奪った3点目を思い出してみてください。チームの得点源であるCFのルカクは、ペナルティエリア内でシュートを打つことができたにもかかわらず、後方から走ってきた選手にスルーをしてチャンスを譲《ゆず》りました。

長谷部誠《はせべまこと》に身体を寄せられていて、GKの川島永嗣《かわしまえいじ》もシュートを予測したポジションをとっている。自分で打てないことはないけれど、後方から走り込んできた味方選手に打たせたほうが得点の確率は高い。ルカクはそのように判断し、結果的にベルギー代表に勝利の歓喜《かんき》を呼び込んだのでしょう。

自分で決めてやるとの揺《ゆ》るぎのない意思は、ストライカーに欠かせません。「それぞれのポジションには、それぞれ違う役割があります。ストライカーはゴールを決めるのが仕事です。そのために適切なエゴイズムが必要なのだということを、チーム全体が理解するべきなのです」とポジェも話します。

ストライカーを特別扱いする、ということではありません。ストライカーの得点によってチームが勝つんだとの認識が共有されていれば、少なくとも周囲からは自分本位なエゴイストと思われないでしょう。ちょっと強引にでもシュートを打つことに、ためらいがなくなるはずです。

ストライカーが育っていくためには、周囲の理解も欠かせないのです。

高原直泰のストライカー論

ここまでは南米の選手や指導者の視点から、ストライカーの条件を探ってきました。ここからは世界の舞台で結果を残した日本人選手として、高原直泰の考えかたを掘り下げていきます。

彼は中学生年代から世代別の日本代表に選ばれ、1999年のFIFAワールドユース選手権でチームの得点源となりました。現在はU-20（20歳以下）ワールドカップと呼ばれるこの大会で準優勝した高原らは、メディアから「黄金世代」と呼ばれるようになっていきます。

翌2000年のシドニー五輪でも、彼はスタメンの一角を担います。五輪代表と日本代表の監督を兼任していたフィリップ・トルシエによって、日本代表へのデビューも飾りました。

シドニー五輪後に開催された日本代表のアジアカップでは、2トップのひとりとしてチームトップタイの5得点をあげ、優勝に貢献します。高原は大会のベストイレブンに選出されました。

高原氏(右)と

2001年8月には、ジュビロ磐田からアルゼンチンのボカ・ジュニアーズへ移籍します。ここで彼は、南米のサッカーと接点を持つことになったのです。
「ボカでは結果を出し続けないと生き残れない、と思いました。アルゼンチンの選手たちはサッカーに対する考えかたも、背負っているものもまったく違う。彼らは生きるためにサッカーをしている、と感じました」

私がウルグアイで気づかされたように、アルゼンチンでもサッカーが生きていくための術《すべ》になっている。そのなかで、高原はストライカーのプレースタイルの違いにも触れていくのです。

「アルゼンチンのストライカーは、ペナルティエリアの幅から動かないのです。基本的に離れない。フィニッシュできるところから動かない。言いかたを変えれば、自分のところにボールが来なくても我慢できる。パスが来た一瞬を、逃さない。アルゼンチンのストライカーのように、我慢して相手と駆け引きをするのは、日本人には難しいところでしょう。どうしても動きたがってしまう。ボールに関わりたくなってしまうので」

高原が感じたアルゼンチン人選手の駆け引きは、ボールを持っていない局面でのものです。もちろんそれは大事ですが、違う種類の駆け引きもある。高原はそちらを磨くことで、ストライカーとして目覚めていくのです。

「僕がシュートのモーションに入ったら、DFは足を伸ばす。股間が広くなる。その間を通す、というイメージがある。そこは、自分がどう決断するのかでもあります。相手は足を伸ばしてブロックしてくるから股下を狙おう、といった思い切りが必要です。それがもしゴールへ結びつかなかったとしても、試合はまだ続く。次また同じようなシチュエーションになったときに、相手はどう対処するか。1本、1本のシュートでDFと駆け引きをするというか、DFの特徴を読んでいく」

DFと駆け引きをする前提として、パスを呼び込まなければなりません。サッカーのテレビ中継などで「パスの出し手と受け手の関係がいい」と解説されるようなシーンを作りたいわけですが、高原はパスの出し手になる選手だけでなく、もうひとつ前のプレーに注目しているのです。

「ラストパスを出そうとしている選手に、どういうパスが入るのかで僕の動きも決まります。ワンタッチで出せるパスを受けたのか。ワントラップしてツータッチ目で蹴るのか。それによって、僕が動くタイミングも、どこへ動くのかも決まってくる」

ここで皆さんに考えてほしいのは、パスの出し手とストライカーの動き出しはつねに一致するわけではない、ということです。高原も「自分がワンタッチで欲しかったのにパスが出てこなかったとしても、その次にどうするのかまで考えています」と言います。

「自分がこのタイミングだろうと思っても、100パーセントそのとおりに出てくるわけはないですよね？　出てこなかったからといって足を止めるのではなく、その動きをおとりにして守備ラインの裏を狙っていくとか。ストライカーの動きは、つねに連動しているべきものです」

連動という意味では、周囲の選手とのコンビネーションも欠かせません。

「ジュビロには藤田俊哉《ふじたとしや》さん、名波浩《ななみひろし》さん、ドゥンガさんら、僕の動きやタイミングに合わせてパスを出してくれる選手がいました。フランクフルトではアルベルト・シュトライトという選手がパートナーになりました。当時のフランクフルトは4―3―3のシステムで、彼は右利きの右ウイングでした。彼がボールを持つと、僕がダイアゴナルへ走るのが多かったですね」

斜《なな》めの動きを意味するダイアゴナルは、私自身も現役時代に意識していました。トレゼゲも「ゴールに対して斜めのポジションを取って、ゴールとボールをつねに視野に入れておくのが大切」と話しています。

守備側の立場になると、斜めに動いてくるストライカーはＤＦラインを横切っていくことになるので、最初にマークをしていた選手がそのままついていくのか、それともマークを受け渡して対応するのかを瞬時に判断しなければなりません。ダイアゴナルランによって、守備側を混乱させることができるのです。混乱とまではいかなくても、「どちらがマークするか」といった判断を迫ることになる。それによって、ＦＷは守備側より早く動き出すことができるのです。

高原の言葉を続けましょう。

「僕がスピードでＤＦをぶっちぎれるタイプなら、直線的な動きでもいい。ゴールまで最短距離でいくのが一番いいですから。でも、そこまでのスピードはなかったので、自分で斜めに角度をつけて、ＤＦと駆け引きをしながらシュートへ持っていけるようにしていました」

自分には爆発的なスピードはない。だから斜めの動きを心掛ける。高原は「自分を理解していた」のです。ポジェが話していた「賢さ」を備えていたと言えるでしょう。

チームメイトと助け合う関係を築く

賢さのすぐそばには、日本人ならではの協調性がありました。仲間を重んじる心です。「自分が決めなければいけない、という気持ちはつねに持っています。ただ、エゴイストでやり過ぎても良くないというか、そういう態度でプレーしているとどこかで痛い目に遭《あ》うと僕は思っています。アルゼンチンでも、ドイツでも、それは感じました。決定的なシーンで僕がアシストをしたら、「高原のおかげで点が取れた、次はあいつに取らせてやろう」ってなるんです。僕がアシストをした選手だけでなく、チーム全体に「次は高原に取らせよう」という雰囲気が生まれるものなんです。それってものすごく大事で、「こいつにパスを出してもシュートしか打たない」とか、「こいつはオレのことを全然見ていないな」と思われちゃうと、自分にとってマイナスになります」

チームメイトと助け合う関係を築くのは、日本でも、アルゼンチンでも、ドイツでも同じなのです。私も日本以外にウルグアイ、クロアチア、スイスでプレーしましたが、チームに溶け込むことはどこの国でも自分を助けたことを思い出します。健康的で適切なエゴイズムは国を問わないことが、高原の言葉から分かるでしょう。

「クリスティアーノ・ロナウドやメッシ、スアレスといった選手でも、ゴール前ではチームメイトを見ている。プレゼントみたいな感じで、ゴールを決め合う。相手の守備を自分で崩す能力を持っているけれど、世界のトップクラスでもそういう関係でプレーしている。チームとしてのいいサイクルに自分が組み込まれていく、いいサイクルを自分から作るというのも、ストライカーが点を取る秘訣《ひけつ》じゃないでしょうか。あまりにもオレが、オレが、となるのは良くないと僕は思います。エゴイストになる必要はそこまでない、と。それよりも、周りの状況を把握してプレーできるか、というほうが大事だと思います」

ロシア・ワールドカップ決勝トーナメント１回戦の日本代表戦で、ベルギー代表が３点目を決めたシーンをもう一度思い出してください。ＣＦのルカクがスルーをして味方選手の得点を導きましたが、彼はグループリーグのパナマ戦とチュニジア戦で２ゴールずつを記録しています。個人の力で相手のゴールをこじ開けたのではなく、味方のパスを得点につなげたものでした。チームメイトのアシストで得点できたことを、ルカクは忘れていなかったのでしょう。

メンタル的な強さ

シュートシーンでは、練習が裏付けとなります。高原の話を続けましょう。

「普段の練習の個人トレーニングで、ペナルティエリア内でのシュートを反復していました。ゴールを見なくても、いま自分がどこにいるのかが身体に染みついている。ペナルティエリアのラインを見れば、自分はこのあたりにいる、ということはGKがこのあたりにポジションを取っている、というのが感覚的に分かります」

たとえるなら、高原の身体には高性能のGPSが搭載《とうさい》されている。自分がどこにいるのかを、つねに把握できるということなのでしょう。

「ストライカーというのは、DFより先にボールに触れることが大事です。とくにペナルティエリアのなかでは、先に触れれば自分が勝ちというポジションです。たとえば、クロスボールに合わせる場合、パスの出し手の能力が高いほど、いつでも出せる状況にあります。そこでは、パスの出し手がいつ中（相手のゴール前）を見ているのかを逃さないことが大事です」

トレゼゲは「ゲームのレベルが上がるほど、数秒が大切になる」と話しています。高原も同じようなことを言っていると考えられます。

試合中のメンタルはどうでしょう。決定的なチャンスを逃してしまった高原は、何を考えるのでしょうか。

「外しちゃったな、とは思います。けれど、気にしません。それで「うわあ」と落ち込んでも意味がない。ビッグチャンスを逃しても試合は終わりじゃない、次またチャンスは必ず来る。それを決めればミスが帳消《ちょうけ》しになるわけではないけれど、フィフティフィフティにはなるかな、というぐらいの気持ちです。1回のミスでガクッと気持ちが落ちることはありませんね」

私自身の体験も重ねて考えると、高原の考えかたが理解できます。ただ、ひとつの試合で2度、3度とシュートミスをしていくと、弱気な気持ちが膨《ふく》らんでいったりするものです。小中高生の選手なら、ベンチに座っている監督や、チームメイトの視線も気になるかもしれません。

「味方にパスを出したほうが得点の確率が高い場面で、自分でシュートを打って入らなかったら、「なんでパスを出さないんだ」と言われるのは当然です。僕がジュビロ磐田に入団したばかりの頃、ひとりでドリブルをしてシュートへ持ち込んで、CKになったことがあった。チームメイトだったブラジル代表キャプテンのドゥンガが猛然《もうぜん》と走ってきて、「中山《なかやま》(雅史《まさし》)がフリーなのになんでパスを出さない？　そのほうが確実だろ！」と怒鳴《どな》られたことがあります。ドゥンガに「そんなにひとりでサッカーをやりたいならお前ひとりでやれ」と言われて、担当ではないCKまで僕が蹴らされた。ストライカーの仕事というのは、すべて結果論なんですよね。強引にシュートを打っても決まればOKなわけで、外したら「なんでだ」となる。だからといって、パスばかり出していたら、相手にとって怖さのない選手になってしまう。そこはもう、状況次第です。絶対に決められると思うなら、自信を持ってやればいい。それで決まらなかったとしても、気持ちを切り替えて次、次、次、という感じでやる。そういったメンタル的な強さというのは、ストライカーには必要かもしれません」

小中高校までの高原は、「サッカーするのが楽しいとしか思わなかったので、チャンスで外しても落ち込むようなことはなかった」と話します。プロ入りしてからは、「サッカーでお金をもらっている感覚」の芽生《めば》えによって、プレッシャーを感じるようになったと言います。

プロ選手と種類は違うかもしれませんが、小中高生のストライカーもプレッシャーを感じることはあるでしょう。「この試合に勝てばチームが何かを得られる」といった意味合いの一戦は、レベルを問わずに誰もが経験するものです。試合の前夜から興奮して、緊張してしまうかもしれません。

読者のあなたが中学や高校の３年生なら、最上級生としての責任を感じるでしょう。１年生で試合に出ているあなたなら、先輩に迷惑をかけてはいけないとのプレッシャーを感じるに違いありません。大きなものを背負ってプレーする意味では、高原がどういった気持ちで試合に臨《のぞ》んでいるのかは、アマチュアの選手にも参考になるはずです。

「どうやったら点を取れるのかを、試合中は考えています。具体的には、相手がどうやって守っているのかをいち早く理解する。ストライカーが調子のいいときは、「打てば入る」という感覚があり、逆に「今日はなかなか入らないな」ということもある。その「入らないな」という試合でも、僕は自分のプレーを変えません。打っても、打っても、入らなくても、ネガティブにならずに、逆にこれだけシュートに持っていけていると前向きにとらえます。僕自身はシュートをたくさん打てばいい、という感覚は持っていなかったので、本数にはこだわっていませんでしたが」

ストライカーがシュートを打っていないと、周囲からは「調子が悪いのか」とか「今日は積極性に欠けている」と見られがちです。チームが負けたうえにシュートを1本も打たずに終わると、プロの試合では「DFに抑え込まれた」とか「沈黙を強いられた」といった表現で報道されます。

それでも、高原はシュートの本数にこだわらなかった。そこには彼なりの考えかたがあります。

「1本しか打っていなくても、その1本が入ればいいでしょう、と考えていました。シュートをたくさん打っても、得点に結びつかなければ意味がない。大切なのは本数ではなく質の部分です。そこは人によって考えかたが違うので、どちらがいいと言うことはできない。どういうふうにとらえるのかは自分次第です。僕自身は本数を気にすることはなく、「僕は決めましたよ、チームも勝ちましたよ」ということにするのが一番だと思っています」

得意なプレーを生かす

高原の経験談を聞いてみて、「ここまでは分かりました、でも違う悩みがあります」という小中高生がいるかもしれません。たとえば、次のようなものです。

同じ相手と何度も試合をすると、お互いに特徴を理解していきます。ストライカーなら相手チームの守備陣に研究されて、自分が得意とするパターンを警戒されます。「この前は点が取れたのに、次の試合では取れなかった」という苦い経験は、ストライカーについて回るものと言っていい。

さて、高原はどうしているのでしょう。「これが面白いもので」と、彼は笑顔を浮かべるのです。

「人間は考える前に身体が反応するものです。僕の特徴を分かっていても、相手はなかなか対応しきれない。たとえば、ニアサイドでクロスボールに合わせるという状況があります。DFが一番嫌なのは、自分の視野の外側からFWが走り込んでくることです。自分の視野に入っていない選手がいきなり目の前に走り込んできたら、どうしても対応が遅れます。ニアサイドへのクロスボールなら、相手より半歩先、いや、半歩よりも小さい幅で相手より先にボールに触る。ゴール前ではちょっとでもボールのコースを変えれば、シュートが入ることがある。ニアサイドで勝負するときには、とにかく相手より先に触る。もし僕にボールが合わなくても、守備は混乱する。ニアサイドからゴール前へボールが流れて、ファーサイドで味方が決める、ということが起こり得るのです」

日本代表として歴代10位の得点数を記録し、ドイツ・ブンデスリーガでも活躍した高原は、ストライカーに必要なものとして「己《おのれ》を知る」ことを最上位にあげます。

「ブンデスリーガのハンブルガーSVに在籍していた当時、アルゼンチン人のベルナルド・ロメオというストライカーがいました。身長が僕より小さかったのですが、彼は自分にできないことはやらずに、自分ができることをやり続けるタイプでした。つまり、自分の特徴を知り、それで勝負するということです。僕自身も苦手なプレーを頑張って克服するよりも、自分ができることをさらに伸ばしたほうがいいと考えます」

外国人ストライカーと日本人ストライカーを比較すると、日本人のほうができることは多いというのが一般的な印象です。パスも出せて、守備もする。

ただ、できることが多い選手のほうが、たくさんゴールを決められるというわけでもないのです。自分のプレーを研究してくる相手からも得点が決められるのは、「自分のできるプレー、自分の得意なプレー」を絶えず磨いているからなのだろう、と私は考えます。

苦手なプレーのない選手は、もちろん素晴らしい。けれど、「これが自分の得意なプレーだ」というものを持っていれば、苦手なプレーがあっても世界で勝負できるのです。器用貧乏に陥《おちい》ってはいけないということは、頭の片隅《かたすみ》に置いておいていいでしょう。それについては、高原も頷きます。

「僕自身は左右両足ともに蹴ることができて、ヘディングでもある程度は勝負できた。ターンしてシュートへ持ち込むパターンにも自信があったので、そういうところは徹底的に練習をしました。自分の得意なプレーがはっきりすると、プレーの幅が広がるし、周りを生かせるようにもなる。周りを生かすことができれば、自分にまたチャンスが転がってくる」

高原がボカ・ジュニアーズに移籍して半年後、アルゼンチン経済の悪化により契約解除となり帰国しました。帰国後にはエコノミークラス症候群を発症し、3か月間もサッカーができなくなり、その年（２００２年）の日韓ワールドカップにも出場できませんでした。「いろいろなものを失《な》くしてしまった」と高原は挫折《ざせつ》を味わいましたが、「自分は結果を出すしかない、それはゴールを決めることだ」という考えに辿り着き、その年のＪリーグ得点王、ＭＶＰ、ベストイレブンのタイトルを獲得しました。

そのうえで、高原はふたつの要素をストライカー像として掲げます。

攻撃の起点になる。

ゴール前で勝負できる。

「現在のサッカーでは、ＦＷもディフェンスをしなければならない。それはチームの約束事としてきっちりやる。そして、ストライカー本来の仕事はこのふたつだと思います。シンプルですが、シンプルだからこそ難しい」

Ｊリーグでも、日本代表でも、海外サッカーでも、多様なシステムが使われています。ストライカーも１トップ、２トップ、３トップの形でプレーする。最前線に選手を固定しないゼロトップのシステムもありますが、高原が指摘するように「攻撃の起点になり、ゴール前で勝負できる」ことは、システムを問わずにストライカーが果たすべき仕事と言うことができます。

他の選手に比べて足が速いのか。技術に優れているのか。周りを使うことに長《た》けているのか。自分の特徴を客観的に分析して、自分の武器をもち、自分の生きる道をはっきりさせる。あなたなりのストライカー像が、そこから輪郭《りんかく》を持っていくはずです。

第５章

私のストライカー考

海外でプレーをする

私は中学生年代から、海外で試合をする機会に恵《めぐ》まれました。１９９４年から96年まで活動したアトランタ五輪代表のチームでは、予選が行われた東南アジアをはじめとして、オーストラリア、アフリカのチュニジアなどへ遠征しました。

海外では日本との時差があり、現地の食べものを口にして、日本と違う環境で練習や試合をします。日本では当たり前のことが、そうはならない。サッカー以外のことにストレスを感じてしまい、調子を崩してしまうチームメイトもいました。私自身はウルグアイへ留学していたこともあり、環境に左右されることなくプレーできるタイプでした。

これから世界へ飛び出していこうとする小中高生の選手たちも、自分が所属するチームや出場する大会のレベルが上がれば、海外で試合をすることになるでしょう。

世界のトップレベルで結果を残しているストライカーたちは、文字どおり世界を股《また》にかけてプレーをしています。

17—18シーズンのリオネル・メッシは、バルセロナで公式戦に54試合、アルゼンチン代表で10試合に出場しました。合計で64試合になります。

同じシーズンのC・ロナウドは、当時所属していたレアル・マドリードで公式戦に44試合、ポルトガル代表で11試合に出場しました。合計は55試合になります。

ヨーロッパのサッカーシーズンは、8月に開幕して翌年の5月に終了するのが基本的なスケジュールです。つまり彼らは、10か月間にわたって週に1試合以上のペースをこなしていったことになります。

ヨーロッパでプレーする日本人選手はどうでしょうか。

ドイツ・ブンデスリーガのケルンに所属していた大迫勇也は、公式戦に32試合、日本代表の試合に13試合出場しました。トータルで45試合になります。

17—18シーズンの大迫は、ケルンの一員としてEL(ヨーロッパリーグ)に出場しました。しかし、ケルンは欧州各国リーグの上位チームが集うELで上位進出を逃したため、クラブでの出場試合数は伸びませんでした。

同じシーズンのELには、南野拓実も出場しています。彼が所属するレッドブル・ザルツブルク（オーストリア）は準決勝まで勝ち上がり、南野は9試合に出場しました。国内リーグとカップ戦の出場数は32試合、CL（チャンピオンズリーグ）予選が3試合なので、ELを含めるとクラブで44試合に出場したことになりますが、17―18シーズンの彼は日本代表でプレーしていません。C・ロナウドとほぼ同じになりますが、シーズン総合計は「44」のまま、ということになります。

南野のザルツブルクをELの準決勝で破ったマルセイユには、酒井宏樹《さかいひろき》が在籍しています。主に右サイドバックとして国内リーグとカップ戦で36試合に、ELで14試合に出場した17―18シーズンの総出場数は、メッシに迫る50試合を数えます。

同時に彼は、日本代表でもレギュラーとしてプレーしていました。17年8月31日のオーストラリア戦から18年7月2日のベルギー戦まで、11試合でピッチに立ちました。クラブと日本代表での合計出場数は、「61」となります。

日本国内でプレーする選手も、調べてみましょう。ヨーロッパ各国のリーグは夏から秋にかけて開幕し、春に幕を閉じる「秋春制」を採用していますが、日本は春から冬がシーズンの「春秋制」です。このため、18年1月1日から12月31日までの試合数をチェックしていきます。

たとえば、J1リーグの清水エスパルスの北川航也《きたがわこうや》(19年7月にオーストリアのラピード・ウィーンへ移籍)は、リーグ戦、カップ戦、天皇杯の合計で37試合に出場しました。日本代表には選ばれていませんので、総出場数はそのまま「37」となります。

ちなみに、18年の日本代表は14試合を戦っていますので、そのすべてに北川が出場したと仮定すると総出場数は「51」まで増えます。それでも、メッシや酒井宏樹には届きません。

浦和レッズの槙野智章《まきのともあき》は、18年の日本代表で8試合に出場しました。所属クラブではリーグ戦とカップ戦で40試合に出場していますので、合計で48試合になります。彼の数字はヨーロッパ基準に近いものがあるものの、数字だけでは測れないところもあります。

メッシやC・ロナウドは、ヨーロッパ全土を舞台とするCLをほぼ毎シーズン戦っています。17―18シーズンの彼らはスペイン国内でリーグ戦やカップ戦を消化しながら、スペインと気候の違うロシアや北欧でCLを戦っています。スペインとロシアでは時差もあります。

しかも、CLはミッドウィークと呼ばれる火曜日、水曜日に開催されるため、前週末のリーグ戦から中《なか》2日や中3日での試合となります。もちろん、どの試合も勝たなければいけない。プレッシャーは相当なものがあるでしょう。

"オフ・ザ・ピッチ"のコンディション管理

これだけの試合を1シーズンにこなしながら、それも1シーズンに限らず毎シーズン同じようなスケジュールで試合を重ねながら、メッシやC・ロナウドはゴールをあげている。心身のコンディションが整っていなければ、実現することはできません。同時に、これだけたくさんの試合をすることで、メンタル的にもフィジカル的にも鍛えられていったのは間違いないでしょう。

試合数が多くなると、回復を目的とした練習が多くなります。選手がチームに拘束《こうそく》される時間は短くなる。"オフ・ザ・ピッチ"の過ごしかたが問われるわけで、何を食べるのか、どのように過ごすのか、どれぐらい睡眠をとるのか、といったことを、自分で決めていかなければならない。

世界のトップクラブともなれば、所属選手のコンディション管理には細心の注意を払います。クラブ側から選手にもアドバイスが行き渡っているでしょうが、最終的に実行するかどうかは選手の意思に委《ゆだ》ねられます。好不調の波がなく、安定して得点をあげているメッシやC・ロナウドは、しっかりとしたコンディショニングをしていると言えるでしょう。

Jリーグのクラブも、AFC(アジアサッカー連盟)チャンピオンズリーグに参加していきます。準々決勝までは韓国、中国、タイ、オーストラリアといった国々と、決勝ではイラン、カタールなどの中東の国々と対戦する通称ACLでは、気候の違いや時差を乗り越えていかなければならない。CLと同じようにミッドウィーク開催が基本なので、試合間隔が短いなかで臨むことにもなります。

選手の立場からすれば、非常に難しい戦いです。それだけに、肉体的にも精神的にもタフになることができる。

ところが、Jリーグのクラブには必ずしもACLを重視しないところがあります。直近のリーグ戦とACLで、メンバーを大幅に入れ替えることがあります。

JリーグとACLだけではありません。Jリーグとルヴァンカップでも、メンバーを入れ替えるのが当たり前のようになっています。

各クラブの監督には、様々な狙いがあるのだと思います。より多くの選手に出場機会を与えて、チーム全体の底上げをはかる。選手同士の競争心を高める。若い選手に実戦の機会を与える。私自身もＪ３のＳＣ相模原の監督をやったことがありますので、選手を入れ替えることのメリットは想像できます。

ただ、多くの選手に幅広くチャンスを与えることによって、厳しい試合日程のなかでコンディションを整える訓練は先送りになります。

メッシがプレーするバルセロナであれば、国内リーグ優勝は使命で、ＣＬとの2冠も要求される。もっと言えば、出場する大会すべてで優勝を期待される。

それに対して日本では、国内3大タイトルと呼ばれるＪ１リーグ、ルヴァンカップ、天皇杯のいずれかを獲得できれば、基本的に悪くないシーズンだったと評価されます。3大タイトルにＡＣＬを合わせた4冠を目ざすクラブもありますが、実際に成し遂げたチームはありません。結果として、コンディショニングのレベルアップは置き去りにされています。

セルフコンディショニング

世界のトップ・オブ・トップでプレーする選手は、コンディショニングの意識を高く持っています。

フランス代表として活躍したダヴィド・トレゼゲは、「自分のプレーする街が変わっても、環境が変わってもやることは同じ。きちんとトレーニングをする、しっかり休養を取る、食生活に気をつける。それから、信頼できる仲間と過ごす。プロとしてやるべきことは、どこへ行っても変わりません」と話します。

特別なことではありません。私たち日本人でも、プロを目ざす小中高生の選手でもできることです。当たり前のことを当たり前にする大切さは、19年のコパ・アメリカで日本代表とも対戦したウルグアイ代表のエディンソン・カバーニも指摘しています。

「食事に気を配って、試合前の調整をしっかりする。試合前はリラックスすることも大事ですが、いつ、どこでするのかを考えなければなりません」

日本代表のアスレティックトレーナーを務めたこともある並木《なみき》磨《ま》去《さ》光《みつ》に、コンディショニングについて聞いてみました。コンディショニングとは「目的を達成するためのパフォーマンスの発揮に必要な状態にすること」であり、パフォーマンスの向上を促《うなが》し、ケガなどを予防し、リカバリー(疲労回復)をスムーズにするために行うものです。

自分自身でできるセルフコンディショニングには、四つの項目があります。

一つ目は栄養です。

肉類(タンパク質、脂質《ししつ》)、魚類(タンパク質、カルシウム)、野菜(ビタミン、ミネラル)、ご飯・パスタ・パン・うどん(炭水化物)、フルーツ(ビタミン、ミネラル)、牛乳・ヨーグルト(カルシウム、脂質)を、バランスよく摂取《せっしゅ》します。とくに成長期でたくさん運動をしている小中高生は、スポーツで消費したエネルギーと成長に必要なエネルギーを補うために、運動をしていない人よりもたくさんの栄養を摂《と》らなければなりません。

1日3回の食事では必要なカロリーが追いつかないので、練習前におにぎり1個、バナナ、エネルギーゼリーのどれかひとつを摂る。練習後も三つのうちのどれかひとつと、100パーセントのオレンジジュースを摂ります。

二つ目は睡眠です。

睡眠は疲労回復にもっとも欠かせません。成長期は成長ホルモンの分泌《ぶんぴつ》が活発なので、それを利用した睡眠が重要になります。就寝から2時間くらいで成長ホルモンが分泌されるので、可能な限り同じ時間に就寝することで身体が習慣付いていきます。

ナイターで練習や試合をしたあとは、気持ちがたかぶってすぐに寝つけないことがあります。その場合はベッドや布団《ふとん》に横になる前に、静かなところで腹式呼吸をするといいでしょう。

三つ目は筋トレです。

身体を鍛えるための筋トレは、年齢、身体の発育具合、ケガの有無などによってやり方はまちまちです。

練習前は体幹《たいかん》、バランストレーニング、アクティブな(動きのある)ストレッチ、ケガ予防の患部《かんぶ》別エクササイズなどをします。練習後は体幹トレーニングをします。

四つ目はセルフケアです。

チームとは別に個人でやっておいたほうがいいものとして、練習前はテニスボールなどを使ったセルフマッサージをします。動かしづらい関節に関わる筋肉を緩《ゆる》め、そのあとにその部位を動かします。

　練習後はケガをしている部位、または痛みのある部位へのアイシングをします。さらに疲れている部位へのセルフマッサージとストレッチです。環境が整っていれば、下半身のアイスバス（水風呂）もおすすめしたいところです。

　以上のようなセルフコンディショニングによる身体の回復だけではなく、トレゼゲやカバーニが「信頼できる仲間と過ごす」「試合前はリラックスすることも大事ですが、いつ、どこでするのかを考えなければなりません」と述べていたように、身体のコンディショニングに加えて精神的に落ち着くこと、心をリフレッシュさせることも重要です。

「ゴールを奪う」練習

　ウルグアイ代表でアシスタントコーチを務めるマリオ・レボーショに、ルイス・スアレスが10代だったころの話を聞きました。スアレスは19歳でオランダ１部のフローニンゲンへ移籍し、ヨーロッパでのキャリアをスタートさせました。

マリオ・レボーショコーチと

「ウルグアイはお肉をたくさん食べる食文化です。身体が出来上がるまではサッカー選手もそれでいいのですが、19歳、20歳になったら体脂肪を減らすべきです。スアレスもオランダへ行ったことで体重を落とし、トップレベルでプレーできるためのフィジカルを手に入れました。ウルグアイでプレーしている当時から練習には熱心でしたから、コンディションの重要性を理解すればあとはしっかりと管理していくだけです。ウルグアイ代表に合流する彼は、練習中はもちろんホテルで生活をしている時間も、ミネラルウォーターのペットボトルをいつも手にしています。適切な水分補給を心掛けている証拠でしょう」

スアレスに限らず、一流の選手は練習熱心です。

ところで、良い練習とはどのようなものなのでしょうか？

日本では「シュートを打つ」練習になっていることが多い、と私は感じます。シュートを打つことを楽しんでいたり、たくさんシュートを打つことが目的になっていたりする練習を目にします。

しかし本来は、試合で得点を決めるために、練習をするのです。「シュートを打つ」のではなく、「ゴールを奪う」ための練習なのだ、という意識を持たなければいけません。

私は小中学生の指導をしています。テレビなどのサッカー解説で、小中学生の試合を観る機会も多い。試合を観る際には、試合前の練習からチェックします。

そういった経験から言うと、日本の若い選手たちは「何となく打っている」ように見受けられます。自分のイメージで打っていない。「１本目は左へ打ったから、次は右へ打とう」といった感じです。

シュートには原理原則があります。

ゴールに対して右45度の角度からシュートを打つとしましょう。ニアサイドと言われる手前側を狙うと、ＧＫが弾《はじ》いたらＣＫになる可能性が高い。一方、ファーサイドを狙ったシュートを弾かれると、こぼれ球がピッチ内に残る確率が高い。味方選手が押し込める。このように、その角度からシュートを打ったら、次にどんな局面が生まれるのかを想像しながら練習するべきなのです。

チーム全体のシュート練習では、何人かが順番に打つのが一般的です。人数の多いチームでは、10人ぐらいがシュート練習をする。自分が打つよりも待っている時間が長くなってしまいますが、チームメイトがどんなシュートを打っているのかを見ることも練習の一部分です。「自分ならここにシュートするな。自分ならこういうシュートを打つな」と創造力をかきたてながら見ることが大切です。10人の選手に対して10人のコーチがつくことは有り得ないので、自分以外の選手に対するコーチのアドバイスもしっかりと聞く。1本、1本のシュートについて、自分事として考える。そうすれば工夫をするようになり、自分に足りないところを埋めていけるでしょう。

インサイドキックでゴールを狙う

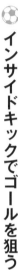

14年のブラジル・ワールドカップで優勝したドイツは、総得点18からヘディングシュートを除いた15点のうち、９点がインサイドキックによるものでした。全体の50パーセントを占めます。

18年のロシア・ワールドカップ優勝のフランスはどうでしょう。全14点からヘディングシュートとオウンゴールを除くと10点になり、そのうちの7点がインサイドキックから生まれています。

サッカーをやっている小中高生は、納得しつつも意外に感じているかもしれません。一般的にインサイドキックは、ショートパスをつなぐシーンで使われます。シュートシーンではインステップキックで強いボールを蹴ったり、インフロントキックで弧《こ》を描いたりすることが多い、と考えられるからです。

ストライカーには、左右両足で蹴ることができる、ヘディングの競り合いに負けない、セットプレーでゴールを狙うことができる、といった資質が求められます。ゴール前の密集では、つま先を使ったトウキックも効果的です。しかし、インサイドキックでしっかりとゴールを狙い、かつ決める、ということの重要性はぜひ理解してほしいところです。

18年のロシア・ワールドカップで、香川真司《かがわしんじ》はインサイドキックでPKを決めました。セネガル代表戦で同点ゴールを決めた本田圭佑も、左足のインサイドキックでネットを揺らしています。ベルギー代表が日本代表から奪った決勝弾も、ペナルティエリア内からのインサイドキックによるものでした。アルゼンチン代表のメッシも、18年大会で決めた唯一の得点は右足のインサイドキックによるものです。

第3章で触れたように、ゴールにつながるシュートはワンタッチが圧倒的に多い。そう考えると、インステップキックで強いシュートを打つ練習だけではなく、インサイドキックでワンタッチシュートを決める練習が必要なのは明らかです。

ラストパスにスピードがあれば、インサイドで合わせても強いシュートを打つことができます。だからこそ、コースをしっかり狙うことが大切になる。

1980年代のブラジル代表を牽引《けんいん》し、日本の鹿島アントラーズでもプレーしたジーコは、「シュートはゴールへのパス」と語っています。まさしくそのとおりでしょう。シュート練習では強く蹴るのではなく、ボールをしっかりインパクトする、GKに処理されないコースを狙うといった意識を持つべきなのです。

インサイドキックは足の内側を使うので、ボールを面でとらえる。インフロントキックは蹴り足の親指でインパクトする。立ち足の踏み込みも大事で、どこに踏み込むのかは繰り返し蹴りながら自分にとって一番いい場所を見つけていく。

利き足ではない足のシュート

利き足ではない足のシュート練習にも、積極的に取り組んでほしいところです。

左利きのメッシは、ロシア・ワールドカップの得点に限らず、クラブでも右足でゴールを決めています。ヘディングシュートもある。利き足でシュートできる態勢に持ち込みたいと誰もが思うでしょうが、「利き足ではない足でシュートすることもある」という情報を守備側の意識に刷《す》り込《こ》むことで、得意の利き足へ持ち込みやすくなります。

19年のコパ・アメリカのウルグアイ代表戦で、日本代表の三好康児《みよしこうじ》（19年８月ベルギー１部ロイヤル・アントワープＦＣへ期限付き移籍）は右足で先制点をゲットしました。彼は左利きの選手ですが、右サイドからドリブルで持ち込み、右足でゴールネットを揺らした。

「点を取る前に左へ切り返して、シュートは大きく外れたんですけど、その時に左足で打っておいたことによって、少し相手も左を警戒してきたと思いますし、得点シーンでは相手も寄せて来なかったので、そうしたら右でいけるぞと、イメージ通りに持っていけました」

試合後に彼はこう話しています。得点を奪う前の仕掛けが布石《ふせき》となり、利き足ではない右足のシュートが得点に結びついたのです。右足のシュートも練習をしていたからこそ、コパ・アメリカという大舞台でも自信を持ってシュートすることができたのでしょう。

ピッチのコンディション

Jリーグを見ていると、ピッチコンディションが本当に素晴らしいと感じます。少しぐらいの雨なら水たまりができることはなく、そもそもピッチにデコボコがありません。シュートを打つ瞬間にバウンドが変わってしまう、ということはほとんどないと言っていいでしょう。

ピッチコンディションが整っているのは、プロのレベルだけではありません。私は千葉県で小中学生のチームを指導していますが、県内の試合でもきちんと整備されたグラウンドが用意されています。

世界はどうでしょうか。芝生の質や長さは、国によって違います。私がプレーした当時のウルグアイは、プロのリーグ戦でも芝生がところどころ剝げていたり、デコボコがあったりするピッチで試合が行われていました。

19年にブラジルで開催されたコパ・アメリカで、日本代表は第2戦、第3戦ともにスタジアムでの前日練習ができませんでした。ピッチコンディションを保つための措置でした。選手たちは試合直前の練習だけで、実戦に臨んでいたのです。

ＦＩＦＡが主催する世界大会であれば、試合を行うスタジアムで前日に練習できます。しかし、小中高生が参加する規模の小さな大会では、初めて立つピッチで試合をしなければならないこともあるでしょう。

そこで、「グラウンドが悪いから正確に蹴れない」と嘆《なげ》いても、誰も助けてくれません。プロを目ざす小中高生には、ピッチコンディションに左右されることなくシュートできる技術を、身に付けてほしいものです。

ポジショニングの工夫

得点を奪うためには、「ゴールへパスするシュートの技術」と並行して、ポジショニングも磨いていかなければなりません。

ポジショニングは感覚的なもの、と受け止められがちかもしれません。そうではないと、私は考えます。日頃の練習から磨けるところがあります。

大前提となるのは、ゴールを決められるポジションを取ることです。

私がスイスのクラブでプレーしていた当時、前線までボールが運ばれてこない状況が何度もありました。何とかしなければいけないと、中盤へ下がってボールを引き出し、そこから自分で運ぶ。そのおかげでドリブルがうまくなりましたが、サポートを得られなければ根本的な解決にはなりません。非常に苦しみました。

すでに何度も触れているように、現在のサッカーではペナルティエリア内でのワンタッチシュートが、得点につながる可能性がもっとも高い。自陣からのロングカウンターにしても、ひとりの選手がドリブルでボールを運んでシュートまで持ち込むのではなく、チーム全体が関わっていく。

そのためにも、自分たちはどうやって点を取るかというイメージを、チームメイトとすり合わせておく必要があります。場合によっては、監督と話し合うことも必要でしょう。ストライカーのあなたは、いかにゴール前でプレーできるかを突き詰めていくのです。

ポジショニングに話を戻すと、カバーニは「自分がどこへ走り込めばいいのかが感覚的に分かる」と言います。世界のトップレベルで結果を残している選手だからこその感覚でしょう。

日本の小中高生に参考にしてほしいのは、トレゼゲの考えかたです。

「ポジショニングで大事なのは、つねにゴールマウスを見ること。ゴールに対して斜めのポジションを取って、ゴールとボールをつねに視野に入れておく。それから、ＧＫのポジションを確認して、どういうシュートをどこへ打つのかをイメージする。それだけでなく、チームメイトの動き、守備ラインの動きも見なければならない。それらすべてを、瞬間的に判断するのです」

言葉にすると難しいかもしれません。ただ、ヨーロッパの5大リーグで得点王になったトレゼゲも「トレーニングで判断力を高めていくしかない」と言います。感覚的と言われがちなポジショニングも、反復練習によって身に付けることができるのです。もちろん、いつも同じ相手と対戦するわけではありませんから、絶えず工夫をしていかなければなりませんが。

シュートへ持ち込むためのポジショニングでは、「相手の視野から消える」ことを心掛けましょう。ウルグアイ代表として活躍したグスタボ・ポジェは、「スアレスもネイマールも斜めの動きをしている」と説明します。

「自分がシュートを打ちたいスペースへ走り込むために、いかにマークを外すか。そのために、使いたいスペースとは逆へ走る動きをして、相手が付いてきた瞬間に前へ出る。おとりの動きとして『逆』を心掛ける」

現在のサッカーでは、攻撃に時間をかけると得点するのが難しくなります。相手のスキをどれだけ早く突けるのかが問われ、カウンターの重要性が高まっています。その傾向は、今後さらに強まっていくでしょう。

カウンターの局面では、ストライカーはまず攻撃の起点となり、その後にゴール前へ入っていく。敵陣からのショートカウンターでは、起点になることが省略され、ゴールを奪うことに集中する状況になります。オフサイドにならないように守備側と「駆け引き」しながら、シュートへ持ち込むのです。

また、シュートへ持ち込むためのポジショニングでは、「ダイアゴナルの動き」も心掛けましょう。ダイアゴナルとは、ゴールに向かって斜めに動くことでＤＦの視野から消える動きです。その動きについて、ポジェは〝プンサンテ〟というスペイン語を使います。「刺すような」という意味で、壁を壊すかのように力強い動き、一発で相手を殺すような動きを、「スアレスやメッシはしている」と言います。日本ではあまり使われない表現でしょう。ただ、世界のトップクラスはそれぐらいの気持ちでゴール前に動き出していると知っておくのは無駄ではありません。

ポジション取りではマーカーと身体をぶつけ合います。ここではインテンシティと言われるプレーの強度が問われます。

発育の過程にある小中学生はともかく、身体が出来上がってくる高校生は、プレーの強度を意識してもいいでしょう。

ポジショニングについては、チーム内の役割にも触れなければなりません。

現在のサッカーでは、FWにも守備が要求されます。ただ、「あれも、これも」とたくさんの仕事をしていたら、一番力を発揮するべきシーン――いざシュートを打つという場面に、力を注げないという状況になりかねません。シュートへ持ち込むことはできたものの、精度を欠いてしまうといったことが起こり得る。

日本代表で歴代3位の得点を記録している岡崎慎司は、18―19シーズンまで在籍したレスターシティで様々な役割を課せられていました。だから彼は、守備をしてもなおしっかりとシュートを打てるように、フィジカルのベースを上げていきました。

小中高生の選手も、役割をある程度明確にしてもいいでしょう。攻撃の起点になって、チャンスも作って、ゴールも奪う、というのは現実的でない。「自分はここでシュートへ持ち込みたいのだ」ということをチームメイトと話し合って、そこにパスを出してくれと要求することが大事です。

セットプレーのポジショニング

ＦＷがポジショニングを考えるのは、流れのなかのプレーだけではありません。セットプレーと呼ばれるＣＫやＦＫでのポジショニングも、とても重要になります。

18年のロシア・ワールドカップを改めて持ち出すまでもなく、現在のサッカーではセットプレーが得点に占める比率は高まっています。ロシア・ワールドカップで得点王になったハリー・ケイン(イングランド)は、流れのなかでは1点しか決めていません。それも、味方のシュートがゴールに背を向けた彼に当たってコースが変わったもので、意図して決めたものではなかった。

残りの5点のうち2点はＣＫからです。味方のヘディングシュートを相手ＧＫが弾いたところを、すかさずプッシュした。同じく味方のヘディングシュートに反応して、ボールの角度を変えてプッシュした。

ケインは幸運に恵まれたわけではありません。しっかりとした狙いをもってこぼれ球を拾えるポジションを、プッシュできるポジションを取っていたのです。

ＣＫ、ＦＫ、ロングスローのセットプレーは、日頃の練習でパターンを練ることができます。相手の守りをかいくぐれば、自分より身長の高い相手や身体の大きな相手からでも、得点を決めることができます。セットプレーから得点を奪う重要性にも、もっともっと目を向けていいでしょう。

ＰＫも同じです。14年のブラジル・ワールドカップでは12点でしたが、18年のロシア・ワールドカップでは22点まで増えている。

19年1月から2月にかけて開催されたアジアカップでは、全１３０ゴールのうち15点がＰＫによるものでした。日本代表の試合だけを抜き出しても、グループリーグのオマーン代表戦と準々決勝のベトナム代表戦で、ＰＫが決勝点になっています。イラン代表との準決勝でも、１対０とリードした67分にＰＫで２点目をあげました。貴重な中押し点は相手の闘争心を削《そ》ぐことにつながり、３対０の快勝につながったのです。

逆に、カタール代表との決勝戦ではＰＫによってダメージを被《こうむ》りました。１対２と追いかけていた83分に、ハンドによるＰＫで３点目を喫してしまったのです。

日本代表が出場した19年のコパ・アメリカでも、グループリーグの18試合のうち６試合で

PKによるゴールが生まれました。3分の1ということです。

VARが判定に使われるのは、もはや世界的な流れと言っていい。Jリーグでも19年シーズンから、一部の試合で導入されます。必然的にPKは増えていくでしょう。流れのなかからの鮮やかなシュートも、PKも、同じ1点に変わりはありません。誰にも邪魔《じゃま》されずにシュートできるPKは、確実に決められる武器にするべきでしょう。

サッカー選手に求められる「賢さ」とは

小中高校生年代の私は、ひとりよがりのところがありました。自分にチャンスが巡《めぐ》ってこないと「なんでパスを出さないんだ」と唇を尖《とが》らせたり、気に入らないことがあると練習に熱心に取り組まないことがありました。当時の私は自分を省《かえり》みるよりも先に、周りに責任を押し付けていたのです。

世界の第一線で結果を残しているストライカーは違います。周囲のアドバイスに耳を傾け、自分を成長させる材料にしていくことができる。

ウルグアイ代表のタバレス監督は、スアレスについてこう話します。

「スアレスはもともと特別な才能を持った選手ですが、とても賢くて吸収力があり、色々なことを学んでいきました。彼が代表に来るたびに、成長を感じたものです。ウルグアイからヨーロッパのクラブへ移籍して、新しいチャレンジに成功しているように見えた」

スアレスについては、ポジェも「フィジカル面よりも賢さが、彼を現在のレベルにまで押し上げたと思う。自分の特徴を知って、足りないところを練習することができている」と分析しています。

自分自身でも「足りないな」と思っていることを指摘されると、私たちは素直に受け入れることができます。ところが、自分では「できている」と感じていることや得意なことについて「こうしたらいい」と言われると、思わず眉間《みけん》にしわを寄せてしまうところがあります。「でも」と反論したくもなるものです。

世界の舞台で活躍する選手は、ここでも意見を聞くのです。高原は言います。

「どんなにボロクソに言われても、一度はそれを受け入れようというのはあった。その場では「うるさいよ」という気持ちがあるんですけど、まず自分のなかで受け入れて、一度は考えるようにしています」

タバレス監督が言う「賢さ」には、たくさんの意味があると思います。

自分を知ることができる。

物事を整理して考えることができる。

監督やコーチからのアドバイスを理解できる。

自分のプレーを客観的に分析できる。

周囲への感謝ができる。

そういったものに加えて、私は「自分に足りないものを知り、それを改善する努力ができる」ことがサッカー選手の「賢さ」だと理解しています。自分を客観視できる力、と言ってもいいでしょう。

自分は何ができて、何ができないのかを理解していれば、練習の目的がはっきりします。

体力がないなと感じるなら、走ることに取り組む。トラップが苦手なら、繰り返し練習する。

自分の課題がはっきりしていて、もっとうまくなりたいと考えるなら、「早く練習をしたい」と思うはずです。練習が待ち遠しくてウズウズする。そういう気持ちになっているあなたには、成長への道筋《みちすじ》が見えているのです。

性格

「賢さ」は、いわば気持ちの持ちかたです。もっと根本的なものとして、ストライカーにふさわしい「性格」はあるのでしょうか。

トレゼゲは、「より得点したい、主人公になりたい、主役になりたい」という気持ちを抱き、「個性が強く自己中心的な」性格の持ち主がストライカーにふさわしいと話しています。

「技術面でこれがストライカーに一番必要だとあげるのは、人によって身体的特徴もプレースタイルも違うので難しい。そう考えると、気持ちの部分に辿り着きます。絶対に決めてやるという強い気持ち、ひとつのシーズンにたくさん点を取りたいという向上心、もっとやってやるという欲、そういうものを持っていれば練習に自然と熱がこもる。自分の課題を見つけて取り組むというサイクルに入っていきます」

性格は環境に左右されます。トレゼゲが2歳から18歳まで過ごしたアルゼンチン、スアレスやカバーニらのストライカーを生み出したウルグアイは、小中学生年代から競争が激しい。毎週末に全国各地で行われる試合は、自分が生き残るためのテストと同じ意味を持ちます。試合で良いプレーができなければ、次の試合に出ることはできず、国内の有名クラブに引き抜かれません。

日本でも小中高生年代から激しい競争のなかに身を置くことで、トレゼゲの言う「より得点したい」との思いが膨らんでいくと考えられます。そして、「自分が主役になる」という自意識の強さこそが、プレッシャーのかかる試合や場面でゴールを決められることにつながっていくと考えられるでしょう。

Jリーグのクラブのジュニアユースやユースに入るには、セレクションに通らなければなりません。競争率の非常に高いクラブもありますが、一度合格したら3年間はチームに在籍できます。ジュニアユースからユースへ昇格できなかったとしても、高校の部活動で自分を高めていくことができます。

さらに南米との決定的な違いとしてあげられるのは、サッカーをする目的でしょう。日本の小中高生の多くは、自分の夢や目標を達成したいという純粋な欲求に基づいてサッカーをしています。一方、南米のサッカー少年は生きるための手段としてサッカーをする。自分はもちろん家族の生活をゆとりあるものにするために、プロになる競争へ挑んでいく。日本と南米では社会経済の状況が違います。日本の小中高生が「サッカーで生活を豊かにするんだ」といったハングリー精神を抱くのは、現実的に難しいところがあるでしょう。

小中高生の皆さんには、自分なりの目的意識・目標をもって日々のトレーニングや試合に臨んでほしいです。たとえば身近にライバルを見つけるのでもよいでしょう。同じポジションを争うチームメイトでも、練習試合で顔見知りになった相手チームの選手でもいい。「アイツには負けたくない」という存在は、自分を奮《ふる》い立たせてくれます。

ライバルが点を取ったのに、自分は取れなかった。

ライバルは試合にフル出場したのに、自分は少しの時間しか出られなかった。

悔しいでしょう。歯がゆいでしょう。でも、そこで「ちぇっ」と地面を蹴っているだけでは、ライバルと自分の立場は何も変わりません。次の試合で同じ悔しさを味わわないために、練習に取り組むのです。ライバルと自分を比べてみて、自分に何が欠けているのかを考えてみる。同じことはできなくても、あなただからできることは必ずあります。身近なライバルとの競争を通して、自分自身を成長させていきましょう。

試合を観て自分やチームメイトの特徴を知る

試合の映像を観ることも、色々な気づきにつながります。

私たちはヨーロッパの５大リーグやＣＬ、各国の代表チームの試合などをテレビやインターネット配信で観ることができます。テレビやスマートフォンが映し出すピッチでは、世界のトップクラスのストライカーが活躍している。

ストライカーは三つのタイプに分けられます。

攻撃の最前線に位置する「ファーストストライカー」タイプとしては、ハリー・ケイン、ルカク、スアレスらがあげられます。ファーストストライカーのやや後方に位置する「セカンドストライカー」タイプの代表的な選手は、メッシ、グリーズマン、アレクシス・サンチエス(チリ代表)でしょう。サイドを基本ポジションとしてゴールへ迫っていく「ウイングストライカー」タイプなら、Ｃ・ロナウド、ネイマール、エムバペといった選手です。

さて、あなたはどのタイプでしょうか。

自分のタイプがはっきりしたら、似たタイプの選手の映像を観るといいでしょう。ただし、同じ選手ばかり観るのではなく、色々な選手を観たほうがいい。

映像を観ていくうちに、自分と似たタイプの選手とチームメイトの関係性が気になってくるはずです。周りにどういうタイプの選手がいて、どのように連係して相手のゴールへ迫っているのか。パスの出し手となっている選手は、どういう特徴を持っているのか。

自分ならどうすれば点が取れそうなのかを考えていくと、今度は守備側にも目が向くでしょう。たとえば、長身で重量感のあるCBに対して、ウイングストライカーはどのようにシュートへ持ち込んでいるのか。

そうやって試合を観ていくと、「自分ならこうしよう」という考えが輪郭を帯びていき、「そのためにはチームメイトにこういう要求をしたほうがいいな」といったアイディアが湧《わ》き上がってくるでしょう。すなわちそれが、自分を知ること、チームメイトの特徴を知ることです。

第６章

日本人ストライカー育成への提言

世界で通用するストライカーを育てるために

ここからは、ストライカーを育成するための環境について、私なりの提言をしていきたいと思います。世界で通用するストライカーを育てるためには、選手自身の努力はもちろんですが、それにふさわしい環境を整える必要があるからです。

「ストライカーを専門的に指導する体制を整える」

ストライカーはGKと並んで専門性の高いポジションです。スペースがない、時間もない、しかしマークは厳しいゴール前で点を取る技術を向上させるには、チーム全体の練習だけでは足りない。専門性を高めていく意味で、全体練習が終わった後、あるいは始まる前に特別にトレーニングをするべきです。

ゴールデンエイジと呼ばれる10歳から12歳あたりから、ストライカーの育成に取り組んでいくべきでしょう。一人ひとりのレベルに合わせながらで構いませんから、「点を取ること」

について専門的な指導をしていくのです。これまでのように総合的な選手の育成を目的とした指導では、世界のトップレベルで活躍できる選手が生まれるのは難しいからです。

タイ代表を率いることになった西野監督も、私のインタビューにこう答えていました。

「ストライカーはGKと同じスペシャルなポジションだと思う。GKがGKコーチと一緒に個別にトレーニングをしているのと同じように、特化したトレーニングをもっともっとやっていかないといけない。ストライカーにふさわしい選手、その才能を持った選手を指導者が発掘して、トレーニングをしていかないといけない。カバーニの「なぜそこのポジションに入れるの？」という動きにしても、練習で積み上がった嗅覚であり、それはチーム全体の練習だけでは磨かれない」

19年のコパ・アメリカのエクアドル代表戦が1対1の引き分けに終わり、日本代表のグループリーグ敗退が決まると、森保監督に「決定力不足」についての質問が飛びました。監督は「代表でもクラブでも、勝ち切れなければそうなる(そう言われる)。選手個々でつねに高い意識を持って、得点を決めることにこだわってやってもらいたい」と話しました。

私自身はストライカー育成のための指導方針を、ＪＦＡが作るべきだと考えます。「世界で通用するストライカーを育てるために、こういう練習をしていきましょう」という方向性を明確にするのです。

サッカーをしている小中高生は、当たり前ですがチームに所属しています。日々の練習は安全管理の観点も含めて、指導者のもとで行われている。だとすれば、「日本人の特徴を踏まえて、ストライカーを育成するためにこういうトレーニングが必要」という道しるべを、サッカー界全体が共有していたほうがいいでしょう。指導者の皆さんのレベルを上げていくことは、子どもたちが取り組む練習の充実に直結するからです。

ＪＦＡが認定する指導者ライセンスは、プロ選手を指導できる「Ｓ級コーチ」から、10歳以下の選手・子どもたちに身体を動かすことの楽しさを教える「キッズリーダー」まで、指導するチームや選手のレベルに応じて六つに分けられています。

ライセンスを取得するためのカリキュラムには、ストライカー育成の項目が含まれていません。指導者を志す方々にストライカー育成の重要性とその方法についての知識を深めてもらうためにも、カリキュラムに加えるべきでしょう。

指導者ライセンスには、「ＧＫコーチ」のライセンスがあります。ストライカーにも指導者ライセンスを作ってほしいものです。各クラブに「ストライカーコーチ」の肩書を持つ指導者がいるようになれば、日本サッカーは間違いなく変わっていくはずです。

ライセンスについては、ＪＦＡ認定のものがヨーロッパで同レベルと認定されるような働きかけができないものだろうか、とも思います。ヨーロッパの5大リーグで指導できるチャンスが拡がれば、世界のトップクラスのストライカーに接することができます。世界のトップクラスのストライカーが、どのような練習をしているのかを知ることができます。それによって日本人指導者がたくさんのことを学び、レベルが上がり、選手の育成に生かされていく。そういったサイクルを生み出すためにも、ＪＦＡのライセンスの価値を上げていきたいのです。

「代表チームの一貫した指導体制を作る」

ウルグアイ代表がフル代表のタバレス監督を総監督として、すべてのカテゴリーが同じ方針で選手を育成していることは、すでに触れたとおりです。日本代表も同じようにフル代表の森保監督をトップとして、少なくとも代表として活動するＵ－15（15歳以下）代表からは練習メニューに共通性を持たせ、同じテーマ、同じ課題を持って取り組みたいものです。その際の指針となるのは、先に述べた指導方針です。

森保監督は東京五輪を目ざすチーム（五輪開催時にU－23日本代表となるチーム）の監督も兼任しています。これにより、ふたつのチームは選手の行き来がスムーズになっています。同じことをU－15からU－20までのカテゴリーでもできれば、選手のステップアップを促すことができるでしょう。

理想を言えば、森保監督にはすべてのカテゴリーの代表チームの活動に目を配ってほしい。合宿や大会に帯同《たいどう》して、直接指導する機会を持ってほしいものです。しかし、現実的にはスケジュールの都合があるので、カテゴリーごとの活動をときとして合同で行うことを提案します。

たとえば、U－15とU－16の代表が一緒に合宿をして、U－15の選手がU－16の監督・コーチから指導を受ける。選手と指導者のどちらにとっても新鮮な機会です。指導者の立場で言えば、U－15とU－16でトレーニング方法の確認ができ、お互いが持っているトレーニングメニューの情報交換もできるでしょう。

さらには、U－15にはいないタイプの選手がU－16にいる、ということもありますから、指導者は幅広いアプローチを求められます。その結果として、色々なタイプの選手の指導ができるようになる。もちろん、「U－15のこの選手は、次回の活動でU－16に混ぜてみよう」といったように、能力のある選手により高いレベルの環境を提供することにもつながります。

ワールドカップで優勝したことのある国は、すべて自国の監督に率いられています。それは、自分たちの国のサッカーと、自分たちの国の選手の特徴を理解していることに大きな理由があります。選手の育成においても、自国の指導者がタッグを組むべきだと考えます。

そうすれば、日本代表を率いる資格を持った日本人指導者が増えていくことが期待できます。つまり、ワールドカップで優勝するための条件を満たすことになるのです。

●「日本が目ざすべき日本人ストライカーのモデルを提示する」

世界で活躍した日本人選手は？　こう質問をされたら、小中高生のあなたは誰の名前をあげるでしょうか。

人によって答えはまちまちかもしれませんが、19年のコパ・アメリカの直後なら久保建英、中島翔哉、柴崎岳《しばさきがく》、三好康児らの名前があがったことでしょう。

小中高生を子どもに持つ方なら、中田英寿《なかたひでとし》、中村俊輔《なかむらしゅんすけ》、小野伸二《おのしんじ》、香川真司、本田圭佑といった選手たちを、思い浮かべるような気がします。

では、ここにあげた選手たちのポジションは？

全員が攻撃的なMFなのです。ウイングや2トップの一角、あるいは1トップでプレーしたことのある（または、現在プレーしている）選手もいますが、ストライカーではありません。

日本サッカーを取り巻く空気として、泥臭《どろくさ》い選手より技術の高い選手、華麗にプレーする選手が好まれる傾向があります。そういうタイプに憧《あこが》れた選手が、指導者になっていく。そうすると、ストライカーよりも攻撃的なMFが評価され、ストライカーが育ちにくい環境が、出来上がっていくように感じます。

それだけに、日本人ストライカーのロールモデル（目標となる人物）を作ることが必要です。

私は、岡崎慎司を推したい。

彼は身長174センチです。長身ではありません。抜群に足が速いわけでもない。テクニシャンと呼ばれるタイプでもない。マークするDFを圧倒するようなフィジカルの持ち主でもない。

ゴール前でのプレーは泥臭い。身体ごとゴールへ飛び込んでいったり、味方選手のためにDFを引き連れて潰《つぶ》れたりもする。日本人の身体能力でもできることをひたむきにやり続ける彼は、とても日本人的なストライカーです。

そのプレースタイルで、ドイツ・ブンデスリーガで4シーズン半、イングランド・プレミアリーグで4シーズンにわたってプレーしました。

イングランドのレスターでは、必ずしもストライカーのポジションで起用されませんでした。それでも、トレゼゲがストライカーに必要な要素としてあげた「ペナルティエリア内の動き」や「ワンタッチシュートの精度」(第3章)に優れ、チームの勝利のためにゴールを決めるというストライカーの役割を理解しています。日本人のなかでも身体のサイズは大きくないですが、ポジション争いの激しいゴール前へ入っていくフィジカルと、そのための強いメンタルを持ち合わせている。私たちが日本人ストライカーを育成する際に、岡崎はロールモデルになる選手です。

●「ＪＦＡ発行の大会報告書に「ストライカー」の項目を加える」

　ＪＦＡは日本代表が出場するか、しないかに関わらず、Ｕ－17、Ｕ－20、五輪、ワールドカップのテクニカルレポートを作成しています。世界大会をモニタリングしてサッカー界全体の方向性を把握し、各年代の代表チームが世界基準に到達しているかどうかなど、今後の課題となることを洗い出しており、これらのレポートは指導者ライセンスを持つ私たちに貴重な情報源となっています。

　また、ＪＦＡの指導者ライセンスを保有する全国の指導者たちを対象として、２年に一度「フットボールカンファレンス」が開催されています。ＪＦＡの取り組みや日本サッカーの方向性を共有しつつ、海外の著名な監督やコーチから世界のサッカーのトレンドや各国の取り組みを聞く機会となっています。同時に、アジア各国の指導者をゲストとして招待し、日本からアジアに向けた情報発信の機会にもなっています。

　どちらも有意義な取り組みですが、ストライカーについての言及はフィールドプレーヤーとしてひと括《くく》りにされています。「フットボールカンファレンス」でもＧＫが個別のテーマにあげられている一方で、ストライカーは12個あるテーマに加えられていません。

ストライカーについての問題意識は、ＪＦＡも以前から持っています。たとえば、２０１５年の第９回「フットボールカンファレンス」の報告書には、このような記述があります。

「ゴール前のトレーニングを増やしていかなくてはならない。ポゼッションは重要なトレンドとしてずっと我々も提示してきました。ただ、トレーニングの時間配分のなかでゴール前のトレーニングが不足していないでしょうか。ゴール前のクオリティ、攻守におけるクオリティがいま日本の課題だとすれば、このゴール前のトレーニングを本当に取り入れていかなくてはならない」

これから必要なのは、より具体的なストライカー育成の指針でしょう。そこで私は、各大会のテクニカルレポートで取り上げる項目や「フットボールカンファレンス」のテーマ、さらにはそれ以外の報告書などにストライカーの項目を作り、日本人ストライカーの〈いま〉を日本サッカー界全体で共有していくべきだと考えます。

ストライカーの文字がレポートなどに多く書き込まれ、「フットボールカンファレンス」などのゲストにトレゼゲのようなかつての世界的ストライカーが招待されれば、ストライカー育成の取り組みについてメディアに取り上げられる機会も増えるのではないでしょうか。それによって、Ｊリーグで監督やコーチをしている人材だけでなく、草の根で小中高生の指導に当たっている指導者の皆さんにも、「日本サッカー界はこんなストライカーを育てようとして、そのためにこんなトレーニングを薦《すす》めている」といった情報が広く伝わっていくことが期待されます。

日本代表になるような選手が、必ずしも幼少期からサッカーの英才教育を受けているわけではありません。ボールを蹴り始めたばかりの頃は、自宅近くのサッカーチームでプレーしていた選手がほとんどでしょう。

だからこそ、そうした草の根の指導環境にも「日本人ストライカーとは」という定義が浸《しん》透《とう》し、なおかつストライカー育成の具体的なトレーニング方法が浸透していくことに意義があります。子どもの頃から「シュートは思い切り打つのではなく、コースを狙うものだよ」と教えられているだけで、その後の伸びしろに違いが生じるはずだからです。

●「超一流ストライカーが身に付けているスキルを獲得する指導を継続的に行う」

ウルグアイをはじめとした南米では、「シュートスキル」を向上させるための具体的なトレーニングが行われています。

ゴールに対して自分がどこにいるのかが「オートマティック」に把握できるように、シュート練習を繰り返す。ゴールを奪う感覚を練習で身体に染み込ませる。

パスの出し手との「タイミング」をはかってシュートできるポジションを取る。

ゴールとボールを「斜めの視野」に入れる。

シュートが決まる確率の高い「ペナルティエリア内」で、ワンタッチシュートへ持ち込めるようにする。

ゴールに対して「ダイアゴナル」に動く。

チームメイトの特徴やチーム戦術を「理解」する。

FWはつねにマークされているポジションなので、「コンタクトスキル」を身に付ける。

「相手に体を預けながらのシュート練習」をする。

右のカッコで示したスキルを獲得するためのトレーニングメニューを、ＪＦＡ主導で作成し、指導者の研修やライセンス取得のカリキュラムに加えるべきだと私は考えます。

「コンタクトスキル」について補足すると、南米では子どもの頃からコンタクトが激しいので、身体のぶつかり合いに強くてうまいスアレスやカバーニのような選手が育ちます。

コンタクトスキルは、日本人に一番足りないところだと思います。

Ｊリーグや日本の小中高生の試合を観ていると、コンタクトプレーで早めに笛が吹かれる傾向がありますが、世界のトップレベルは違います。ワールドカップや世界５大リーグとの大きな違いです。

サッカーはつねに進化していますので、トレーニングメニューもそれに応じて変化していくべきです。つねにアップデートを心掛けることも、忘れてはいけません。

●「ハングリー精神・メンタルの強さを身に付けられる環境を作る」

南米と日本のストライカーに対する考えかたで、もっとも違いを感じたのは「心構え」でした。ストライカーに必要なハングリー精神、メンタルの強さを身に付けるために、育成年代の環境を変えることが必要ではないでしょうか。

そのために、以下のふたつを提案します。

ハングリー精神を養う方法として、競争のある環境が求められます。

Jリーグクラブのジュニアユースやユースは、テストに合格したり昇格したりできれば、3年間はチームに在籍することが基本的に保証されます。それによって継続的な指導ができるのはメリットですが、トップチーム(プロ)と同じように育成選手に対しても定期的な評価を行うのです。

もちろん、入れ替えのできる環境作りが前提としてあります。たとえば、ジュニアユースの1年から2年に上がれなかった選手は、自宅の近くにある街のクラブが受け入れる。他チームならジュニアユースで続けられる選手の場合は、横のつながりで選手を受け入れ合う。

選手の移動をスムーズにし、なおかつ落伍者《らくごしゃ》を出さないためには、一人ひとりの選手に合ったチームを勧められるクラブのスカウトや仲介人が欠かせません。また、ジュニアユースやユースの監督も、選手を見極《みきわ》める眼力が問われます。

このようなシステムが実際に動き出すと、保護者の負担が大きくなるかもしれません。自宅から遠いチームでプレーすることになれば、保護者が送迎したりすることもあるでしょう。

小中学生の指導に当たっている私の感覚では、首都圏なら１時間ないし１時間半の移動範囲で、複数のチームを探すことができます。

苦労して入団したチームから「来年はここでプレーできない」と告げられるのは、子どもたちにとって辛いことでしょう。しかし、中村俊輔や本田圭佑といった日本代表の主力として活躍した選手も、ジュニアユースからユースに上がれずに高校サッカー部へ行ったという過去があります。挫折が人を鍛えるのは真理なのでしょう。

メンタルの強さを身に付けるためにも、Ｊリーグクラブのジュニアユースやユースでプレーする選手たちに、より大きな舞台を提供してあげたいとも思います。

全国大会がないわけではありません。のちにＪリーガーとなる選手たちにとって、通過点となっているような大会も行われています。しかし残念ながら、注目度はサッカー界のみにとどまります。

高校サッカー部には、お正月の風物詩《ふうぶつし》となっている全国高等学校サッカー選手権大会があります。テレビ中継があり、メディアに大きく取り上げられ、1回戦から観客も多い。指導者にたきつけられなくても、選手たちはモチベーションを上げるでしょう。早期敗退に終われば「来年はもっと上位に」と思うでしょうし、中学3年間（高校3年間）で成果をあげられなければ、「次のステージで必ず」と向上心を燃やすに違いない。

たくさんの観衆が集まる試合を、ジュニアユースやユース年代から経験しておくことは、メンタルの強さを身に付けるトレーニングにもなります。

家族や親せき、クラスメイトがスタンドから声援を送ってくれて、テレビで中継もされている試合で、チャンスを逃したら――普通の選手なら、「ヤバい」と焦《あせ》ってしまうでしょう。「次に決めればいいんだ」とは、なかなか思えない。

そういう経験を中高生年代からしておくことが、大人になって生きていきます。

私は21歳だった1996年3月に、アトランタ五輪アジア最終予選に出場しました。イラクとの初戦に先発で起用されましたが、最初に巡ってきたチャンスを逃します。その後もビッグチャンスがありながら、得点できませんでした。

すでにJリーグでプレーしていましたから、プレッシャーとの向き合いかたは自分なりに分かっていたつもりでした。しかし、28年ぶりの五輪出場を賭《か》けた最終予選に臨む私は、最初のシュートを外したことで気持ちを立て直すことができなかった。試合のなかで心の回復を果たせなかったのです。

私と同じような経験を、次代を担う選手たちにしてほしくない。そのためにも、注目の集まる試合を早い段階から数多く経験できる環境を作りたいのです。

「アシストのカウントルールを変更する」

アシストとは得点につながるパスを指します。クロスボールからヘディングシュートが決まると、クロスを入れた選手のアシストとして記録されます。

一方で、ストライカーがシュートを打ち、GKが弾いたボールを味方選手が押し込んだ場合、ストライカーのアシストとしてカウントされません。言いかたを変えると、シュートまで持ち込み、GKがキャッチできなかったシュートを打ったストライカーのプレーは、数字として評価されないことになります。

ドイツ・ブンデスリーガでプレーした高原によれば、「僕がいたドイツのクラブでは、そういった場面でアシストとして評価された」そうです。

得点につながるシュートがアシストとして記録され、得点王だけでなくアシスト王という個人タイトルが作られたら、選手は積極的にシュートを狙うようになると、私は考えます。

Jリーグだけでなく中高生年代の大会でも、アシストを記録として評価するべきではないでしょうか。

得点に絡《から》むことができたという意味で、ストライカーにとってのアシストは邪魔になるものではありません。海外ではゴールに関わる仕事が評価されており、アシストもストライカーとしての評価の基準になっています。アシストをすることにより、結果的に積極的なシュートが増えるからです。

おわりに

この本をまとめるにあたって、最後に触れておきたいことがあります。

それは、日本独自のスタイルを持つことの重要性です。

ウルグアイという国からスアレスやカバーニのようなストライカーが生まれたのは、決して偶然ではありません。カウンターと強い「個」の育成という自国のスタイルにふさわしいストライカーとして、彼らが育ってきたのです。さらに、時代や世界のトレンドに合わせたウルグアイらしい新しいサッカーを追求し続けています。

ウルグアイに限らずアルゼンチンでも、ブラジルでも、ヨーロッパの5大リーグで点を取れるストライカーは絶えず出てきています。

日本サッカーはこれまで、ボールを大事にするポゼッションを方向性の柱としてきました。

技術に優れて敏捷性《びんしょうせい》がある一方で、身体の大きさや筋力を強みとしない私たちは、短いパスをしっかりとつないで攻撃をしかけていくことに適しているという考えに基づいたものです。

そのように、これまでは組織で戦おうとするサッカーを特徴としていましたが、これからは組織に加え、個の強さが求められます。とくにゴールを奪うことができるストライカーとしての個の強さが必要です。どのように個を強くするか、そのために重要なのが、本書であげてきた南米の選手、指導者の語った「理解力」「性格」「コンディショニング」「育成年代ですべきこと」などの要素なのです。

18年のロシア・ワールドカップでは、ポゼッションとカウンターの使い分けができていました。そのなかで大迫勇也らのストライカーは、フィールドプレーヤーのひとりとして守備でもハードワークし、攻撃の起点となりフィニッシュに関わることを求められていました。

世界における日本代表の立ち位置を考えれば、ストライカーにも守備が求められるのは当然でしょう。しかし同時に、私たち指導者がそれを当然のことと考えているところがあるのでは、という気がするのです。メッシやC・ロナウドではないのだから、まずは守備をしっかりやりなさい、という考えかたがあるのでは、と。

岡崎慎司はフィジカルの能力を高め、守備をしながら相手ゴール前で仕事ができるようになっていきました。ロシア・ワールドカップのベルギー戦で得点した原口元気は、走りかたを専門家に学んでタッチライン際を何度もスプリントできるようになりました。

選手個々が努力をすることで、指導者の要求に応えられるようになっていくところはあるでしょう。しかし私は、ヨーロッパでプレーする日本人ＦＷの多くが、ストライカーではなくサイドのポジションで起用されることに歯がゆさを覚えます。

日本代表が初めてワールドカップに出場してから、２０１９年で21年になります。「もう21年が経った」と考えるのか、「まだ21年しか経っていない」ととらえるのかは人それぞれでしょうが、日本サッカーのスタイルを固めていい時期なのは間違いありません。

そして、サッカーの本質である「相手より多く点を取って勝つ」ことを実現するために、ストライカーにストライカーたる役割を与えていく。守備を免除《めんじょ》するのではなく、ストライカーに点を取らせることをチームとしてつねに意識させるのです。

そういったスタイルのなかで揉《も》まれた選手なら、ヨーロッパのクラブでもストライカーのポジションを任されるのではないでしょうか。最初はサイドで起用されるかもしれません。

それでも、カバーニやトレゼゲらが指摘したストライカーに必要な要素は、日本人でも身に付けられるものです。チャンスを生かすことで監督やチームメイトの信頼をつかみ、本来のポジションで起用される選手が登場してくるはずだと、私は期待しています。

その期待の先には、ストライカーのロールモデルを見つける小中高校生がいます。「自分もヨーロッパでストライカーとして活躍したい」と願う彼らがいて、ＪＦＡが作成した育成の指針を理解する指導者がいれば、南米のようにヨーロッパへ絶えずストライカーを送り込むことも不可能ではないでしょう。

２０３０年に、ワールドカップでベスト４に食い込むために。

２０５０年までに、ワールドカップで優勝するために。

日本人指導者の力を結集して、世界に通用するストライカーを育てていきたいのです。

あとがき

ストライカー育成に関する研究を行うきっかけとなったのは、3年前に筑波大学大学院で勉強をはじめたことでした。大学院へ誘ってくださった不破信さん、仕事と大学院での研究の両立のためにサポートをしてくれた家族、会社（フェリーチェ）のスタッフ、ストライカー研究を指導していただいた筑波大学大学院の高橋義雄准教授、研究のサポートをしてくださった筑波大学サッカー部小井土正亮監督、深山知生コーチ（当時）、コンディショニングについてのアドバイスをいただいた早川直樹さん、前田弘さん、並木磨去光さん、インタビューに協力してくださったトレゼゲ、カバーニ、ウルグアイ代表タバレス監督、プラサ・コロニアのカルロス・マンタ会長、友人でもあるグスタボ・ポジェ、マリオ・レボーション、高原直泰に御礼申し上げます。また、インタビューの実現に尽力いただいたウルグアイ・サッカー協会広報マティアス・ファラル（Matias Faral）、グスタボ・ニキティウク（Gustavo Nikitiuk）、グスタボ・オルテガ（Gustavo Ortega）、矢野大輔――彼らがいたからこそ、素晴らしい選手、指導者へのインタビューが実現しました。

研究を行うきっかけとなった筑波大学大学院では、それまで関わることのなかったサッカー界以外の人たちと出会い、一緒に勉強するなかで、私がそれまで知らなかったことに気づくことができました。新たな環境に身を置くことで、「自分はひとりでは何もできず、周りに支えられている」、「周りの環境が自分を成長させてくれている」ということに気づかされました。

そして何より、恩師である西野朗さんには本当に感謝しています。18歳でウルグアイへ渡ったのは、当時アトランタ五輪日本代表監督であった西野さんと、コーチの山本昌邦さんの薦めによるものでした。ウルグアイでのサッカー人生のスタートが、今回のインタビューにつながりました。人との出会い、縁は本当に大切であり、一所懸命に努力した先には、同じ志をもつ者同士、力を合わせ何かを成し遂げられる、ということが今回の研究で証明されました。今回の研究結果に基づく提言を、次世代へ伝えていきたいです。

また、本書の出版にあたり、スポーツライターの戸塚啓さん、編集者の山本さんの後押し、協力をいただきました。

本書の刊行に至ったのは、周りの方々の支え、サポートがあったからです。関わってくださったすべての皆さまに、改めて心より感謝申し上げます。本当にありがとうございました。

本書ではストライカーの研究結果をまとめましたが、ここからがスタートだと思っています。ここで終わることなく、日本サッカーのため、日々学び、経験だけに頼ることなくエビデンス（根拠）を持つ研究を進め、チャレンジしていきたいと考えています。

今後は、ＪＦＡの目標である「２０３０年ワールドカップまでにベスト４」へ向け、この学びを日本サッカー界での現場指導やマネジメントに活かしていきたいと思います。

２０１９年８月

松原良香

松原良香
1996年アトランタ五輪サッカー日本代表．西野朗監督らとともにブラジル代表を破り「マイアミの奇跡」と語られる．現役時代はJリーグ，ウルグアイリーグ，クロアチアリーグ，スイスリーグなどの12クラブでプレー．現役引退後は，サッカースクール・クラブの経営をする傍ら，Jリーグ選手OB会の副会長やサッカー解説者として活躍．2010年にJFA公認S級コーチに認定され，2015年11月にはJ3クラブSC相模原の監督を務めた．2018年3月，筑波大学大学院人間総合科学研究科スポーツ健康システム・マネジメント専攻・修士学位(体育学)を取得．

ストライカーを科学する
——サッカーは南米に学べ！　　岩波ジュニア新書 904

2019年9月20日　第1刷発行

著　者　松原良香《まつばらよしか》

発行者　岡本　厚

発行所　株式会社　岩波書店
〒101-8002　東京都千代田区一ツ橋2-5-5
案内 03-5210-4000　営業部 03-5210-4111
ジュニア新書編集部 03-5210-4065
https://www.iwanami.co.jp/

印刷・精興社　製本・中永製本

ISBN 978-4-00-500904-6　　Printed in Japan

岩波ジュニア新書の発足に際して

きみたち若い世代は人生の出発点に立っています。きみたちの未来は大きな可能性に満ち、陽春の日のようにひかり輝いています。勉学に体力づくりに、明るくはつらつとした日々を送っていることでしょう。

しかしながら、現代の社会は、また、さまざまな矛盾をはらんでいます。営々として築かれた人類の歴史のなかで、幾千億の先達《せんだつ》たちの英知と努力によって、未知が究明され、人類の進歩がもたらされ、大きく文化として蓄積されてきました。にもかかわらず現代は、核戦争による人類絶滅の危機、貧富の差をはじめとするさまざまな人間的不平等、社会と科学の発展が一方においてもたらした環境の破壊、エネルギーや食糧問題の不安等々、来るべき二十一世紀を前にして、解決を迫られているたくさんの大きな課題がひしめいています。現実の世界はきわめて厳しく、人類の平和と発展のためには、きみたちの新しい英知と真摯《しんし》な努力が切実に必要とされています。

きみたちの前途には、こうした人類の明日の運命が託されています。ですから、たとえば現在の学校で生じているささいな「学力」の差、あるいは家庭環境などによる条件の違いにとらわれて、自分の将来を見限ったりはしないでほしいと思います。個々人の能力とか才能は、いつどこで開花するか計り知れないものがありますし、努力と鍛練の積み重ねの上にこそ切り開かれるものですから、簡単に可能性を放棄したり、容易に「現実」と妥協したりすることのないようにと願っています。

わたしたちは、これから人生を歩むきみたちが、生きることのほんとうの意味を問い、大きく明日をひらくことを心から期待して、ここに新たに岩波ジュニア新書を創刊します。現実に立ち向かうために必要とする知性、豊かな感性と想像力を、きみたちが自らのなかに育てるのに役立ててもらえるよう、すぐれた執筆者による適切な話題を、豊富な写真や挿絵とともに書き下ろしで提供します。若い世代の良き話し相手として、このシリーズを注目してください。わたしたちもまた、きみたちの明日に刮目《かつもく》しています。（一九七九年六月）